P. W. Forchhammer

Die Wanderungen der Inachostochter Io

Zugleich zum Verständniß des gefesselten Prometheus des Äschylos

P. W. Forchhammer

Die Wanderungen der Inachostochter Io
Zugleich zum Verständniß des gefesselten Prometheus des Äschylos

ISBN/EAN: 9783743482128

Hergestellt in Europa, USA, Kanada, Australien, Japan

Cover: Foto ©Thomas Meinert / pixelio.de

Manufactured and distributed by brebook publishing software
(www.brebook.com)

P. W. Forchhammer

Die Wanderungen der Inachostochter Io

DIE WANDERUNGEN

DER

INACHOSTOCHTER IO

ZUGLEICH ZUM VERSTÄNDNISS DES GEFESSELTEN

PROMETHEUS DES AESCHYLOS

ERKLÄRT VON

DR. P. W. FORCHHAMMER.

BEIGEGEBEN EINE KARTE.

IM NEUEN DAS ALTE 2. 1.

KIEL
UNIVERSITÄTS-BUCHHANDLUNG.
PAUL TOECHE.
1881.

DEN MITGLIEDERN

DES PHILOLOGISCHEN INSTITUTS

DER

CHRISTIANA ALBERTINA.

―――――

VORWORT.

Der Mythos ist die auf dem Doppelsinn des Wortes beruhende Darstellung der Bewegungen in der Natur als von inwohnendem Geist gewollter Handlungen, der Nothwendigkeit als Freiheit, des Physischen als ethisch, der Natur als Geschichte.

Die Bewegungen in der Natur sind nothwendige, weil und sofern sie die Wirkungen voraufgehender Ursachen, einer causa naturalis, sind. Vom Geist gewollte Handlungen sind freie, weil und sofern sie hervorgehen aus dem auf einen Zweck gerichteten Willen d. h. aus einer causa finalis. Die Poesie, zumal die religiöse, beseelt den Stoff und setzt statt der Nothwendigkeit die Freiheit, statt der causa naturalis die causa finalis.

Die Nothwendigkeit in den Bewegungen der Natur schliesst die Freiheit aus. Das Handeln nach Zweck und mit Willen setzt die Freiheit voraus. Indem der Mythos die Bewegungen in der Natur und in ihren Elementen als freie Handlungen darstellt, ist er ethisch und dianoëtisch und der Darstellung alles dessen, was gut oder schlecht, weise oder unweise ist, fähig.

Jedes Wort, welches eine Bewegung ausdrückt, kann einen Doppelsinn enthalten, indem es zunächst den physischen Gegenstand oder die physische Bewegung, dann diese in's geistige Gebiet übertragen darstellt. Asopos war ein Fluss, aber auch ein Flussgott, ein König. Jenachdem das Eine oder das Andere unter dem Namen Asopos verstanden wird, bedeuten die Worte „Asopos eilt zum Meer, Asopos tobt, Asopos steigt in den Himmel, Asopos wird von dem donnernden Zeus zu seiner Heimat zurückgesandt" etwas Anderes.

Wer den Doppelsinn der Wörter nicht kennt, für den ist jede solche Darstellung entweder widersinnig, oder ein Räthsel. Denn das Räthsel beruht auf der doppelten oder mehrfachen Bedeutung der Wörter, der ursprünglichen physischen und der tropischen, metaphorischen. Daher lehren schon alte Schriftsteller, (Daduchos S. 8 ff.) die Mythen seien nach Art der Räthsel *(δι' αἰνιγμάτων)* gedichtet. Ein Räthsel enthält immer etwas Wahres, Wirkliches, aber scheinbar etwas Unwahres, Unglaubliches, Unmögliches. Das Räthsel ist gelöst, so bald durch den entdeckten Doppelsinn der Worte das Wahre, Wirkliche gefunden ist, z. B. das Räthsel von der Geburt der Athene aus dem Haupt des Zeus, wenn man weiss, das *κεφαλή* nicht nur Haupt, sondern auch Wolke bedeutete u. s. w.

Auf Grund der oft vom Verfasser ausgesprochenen Auffassung des Mythos sind alle seine mythologischen Schriften von den „Hellenika" bis zum „Daduchos" und

den „Argonauten " in der Ueberzeugung verfasst, dass
nur auf dem von ihm stets befolgten Wege die Räthsel
und das grosse Räthsel der Hellenischen
Mythendichtung gelöst werden kann.

Es wird die Zeit kommen, so hoffen wir, da die
Alterthumskunde es anerkennen wird, dass ohne genaue
Kenntniss des Landes, seiner Natur, seiner jährlichen,
kyklischen Metamorphose und ohne die Erforschung des
Doppelsinns der im Mythos verwandten Wörter kein
Mythos erklärt werden kann. Die in der vorliegenden
Schrift gegebene Erklärung des Aeschylischen Prome-
theus und der Io-Sage, und auch der Io-Sage bei Ovid
stimmt in allen ihren Einzelheiten in so auffallender
Weise mit den eigenthümlichen Bewegungen in der
Natur auf einem sehr ausgedehnten Gebiet überein, dass
nicht gezweifelt werden kann: die Dichter hatten die
vollständige Kenntniss von diesen Bewegungen, die sie
als Handlungen darstellen, oder die ihrem Glauben als
Handlungen erschienen.

Wer diese Einsicht gewonnen hat, wird sich der
Frage nicht erwehren können, ob nicht die Kenntniss der
physischen Grundlage der Dichtung bei dem Homer
(vgl. „Achill") und bei den andern Epikern und bei den
dramatischen Bearbeitern epischer Stoffe voraus zu setzen,
ob nicht unter den scheinbar unglaublichen Götter- und
Heroen - Geschichten die wahre Bewegung der Natur zu
erkennen sei, und folglich unsere ganze Auffassung
vom Epos eine völlige Umgestaltung fordere.

Es versteht sich von selbst, dass im Mythos keine Geschichte enthalten sein kann. Die Geschichte, d. h. die menschlichen Handlungen sind niemals die Ursache der Entstehung eines Mythos, wohl aber ist der Mythos öfter Veranlassung einer als Geschichte ausgegebenen Erzählung von menschlichen Handlungen, oder später aufgenommener Namen von Völkern und Ländern. Es erklärt sich leicht, warum die historische Mythenerklärung niemals zu einem annehmbaren Resultat geführt hat.

Es versteht sich gleichfalls von selbst, dass ein hellenischer Mythos nur durch die hellenische Sprache erklärt werden kann, nicht durch die Indische, Semitische oder irgend eine andere Linguistik. Den Pflegern der Indischen Sprache eben so wenig als denen der Semitischen ist es bisher gelungen, einen hellenischen Mythos zu erklären. Mag es immer unter anderen Völkern, wie es ohne Zweifel der Fall ist, Mythen geben, welche nach derselben Auffassung der Natur und mit derselben Benutzung des Doppelsinns des Wortes — der „Homonymen" und „Polyonymen" wie man kürzlich eingesehen und ausgesprochen hat — gebildet sind; so ist doch einleuchtend, dass die Mythen jedes Volks nur durch die Sprache dieses Volks erklärt werden können. Jede Erklärung Griechischer Mythen durch und aus der Sanskrit-Linguistik oder durch und aus der Historie ist auf das Entschiedenste zurückzuweisen. Vgl. den „Daduchos".

Die Grundzüge der vorliegenden Erklärung der Io-Wanderung hatte der Verfasser schon in der Frankfurter

IX

Philologen-Versammlung vorgetragen. Obgleich der Vortrag zu einer lebhaften Besprechung Anlass gab, an der sich Schömann, Classen, Brüggemann betheiligten, scheint derselbe doch bald in Vergessenheit gerathen zu sein. Und doch enthielt derselbe im Grunde, wenn auch nicht ausgesprochen, die Behauptung, dass unsere heutige Philologie weder den Prometheus des Aeschylos noch das Griechische Epos, nach seinem wahren Inhalt, verstehe. Wir fügen hinzu, auch Ovids Erzählung des Io-Mythos ist bisher von keinem Ausleger in dem Sinn des Dichters verstanden.

In jenem Vortrag konnte auf die Beweise der einzelnen physischen Bewegungen, welche der Io-Mythos darstellt, nicht eingegangen werden. Es schien daher zweckmässig, diese, wie jetzt geschehen, vollständig zu liefern und somit den Mythos in allen seinen Einzelheiten Wort für Wort zu erklären. Im Folgenden wird daher der Erklärung der Wanderungen der Io über Berge und Thäler, durch Ströme und Meere, von Argos über den Kaukasos bis Aegypten, eine genaue Beschreibung der Ebene von Argos und die bestimmte Angabe und Nachweisung einiger die Sage betreffender mythischer Begriffe voraufgehen.

Manches aus jenem Vortrag und aus der Besprechung über denselben, welches sich theils im Allgemeinen auf Mythologie, theils auf das Wörterbuch der Mythensprache bezog, haben wir hier nicht wiederholen wollen. Was das letztere betrifft, so werde hier vorläufig auf das

„mythologische Wörterverzeichniss" zu den „Hellenika"
und auf das „Wörterbuch der Mythensprache" im „Daduchos" verwiesen. Beiträge zu diesem Wörterbuch
finden sich in allen mythologischen Schriften des Verfassers, deren Verzeichniss hier folgt:

Kiel, Oct. 1880.

Dr. P. W. Forchhammer.

Die Hauptstrasse von Nauplia nach Argos führt nahe an Tirynth vorbei, dieses zur Rechten lassend. Ein etwas längerer Weg geht am Meeresufer längs der Eïon *(ἠϊών)*. So heisst der zwischen dem Meer und dem unteren flachen Ende der Ebene sich bildende, zuweilen ein wenig erhöhte Sand- und Kiesrand des Strandes, hinter welchem sich oft sumpfiger Boden, der tiefer liegt, als das Meer, zuweilen Lagunen befinden. Dass die Eïon eben das f l a c h e Ufer, nicht das hohe Ufer ist, wie Lexica und Uebersetzungen im Widerspruch mit der Wirklichkeit es verstehen, wenn z. B. der Skamandros *ἠϊόεις* erklärt wird der Fluss „mit hohen Ufern", habe ich schon im „A c h i l l" bemerkt. Vgl. auch „Beschreibung der Ebene von Troia" mit der Karte. Alle Verse des H o m e r, in denen das Wort vorkommt, beweisen die angegebene Bedeutung desselben. Es genügt Il. 23, 59—61 anzuführen: der P e l i d e lag am Ufer des rauschenden Meeres, wo die Wellen an die Eïon anschlugen. Dazu bemerkt Eustath, dasselbe drücke der Dichter in der Odyssee 6, 94 aus durch die Worte: *παρὰ ϑῖν᾽ ἁλὸς, ἧχι μάλιϛα λάϊγγας ποτὶ χέρσον ἀποπλύνεσκε ϑάλασσα.* Diese Steinchen am Strande dienen auch heute vielfältig als Unterlage für die zu trocknende Wäsche, wie der Nausikaa. Auch der Lagunen neben den *ἠϊόνες* oder der auch nur momentanen Binnenseen, der *λίμναι ϑαλάσσης (λιμνοϑάλασσαι)* gedenkt H o m e r wiederholt Od. 5, 418, 440. Die Eïon

1

ist im Grunde dasselbe, was der Aigialos Schol. Eurip. Orest. 985. *ἠϊόνας δὲ λέγει τὴν ἐπιφάνειαν τοῦ κύματος ἢ τοὺς αἰγιαλούς.* Von dieser *ἠϊών* hat die Meernymphe, die Nereide Eione ihren Namen; desgleichen jener Eioneus, den Hektor mit dem Speer traf. Il. 7, 11. Aristoteles in der Meteorologie 1, 14 gedenkt des Gebiets von Argos, und ohne es ausdrücklich zu sagen giebt er zugleich die jedem Griechen einleuchtende Etymologie des Namens. Er sagt nämlich, dass die Thäler je weiter unten nach dem Meere zu, desto sumpfiger und wasserreicher seien. Früher wäre dies namentlich bei Argos der Fall gewesen, zur Zeit des Troischen Krieges wäre der Boden hier wegen der Nässe unbaubar *(ἀργός)* gewesen, später hätte sich die Nässe mehr und mehr verloren, und was früher *ἀργόν* war, wäre trocken und fruchtbar geworden. Es ist möglich, dass dies innerhalb der Zeit, von der irgend eine Kunde vorhanden, sich so verhalten habe, dass der unbaubare Boden sich früher weiter hinaufgezogen habe; allein auch heute noch ist im Frühling ein Theil der Ebene um die Mündung des Inachos, grade da, wo er schon in der Ebene sein begrenztes Bett verliert, unbaubar, *ἀργός*, ganz ähnlich, wie die Ebene von Nestane, von der Pausanias (8, 7, 1) sagt, sie habe von der Unbaubarkeit des Bodens in Folge des späten Abfliessens des Wassers durch die Katabothra den Namen *ἀργὸν πεδίον*. Von dieser Argos-Nässe haben nun die sämmtlichen „Argos" in der Mythologie, die meisten Composita mit Ἀργ . ., die Argo und die Argonauten ihre Namen. Vgl. Hellenika S. 205, die Zeitschr. Nord und Süd 1878, „das goldene Vliess und die Argonauten." Natürlich ist die Argos-Nässe überall, wo während des Winters der Boden unter Wasser tritt, oder wegen des eingedrungenen Wassers nicht beackert werden kann.

An den meisten Orten jedoch verschwindet das Ueber-
mass der Nässe zeitig genug, um einen desto frucht-
bareren Boden zurückzulassen. Nur da, wo dies nicht
der Fall, war ein Grund für die von dieser Nässe ent-
lehnte Benennung. In Argos, wie bemerkt, ist noch heute
an der Mündung und dem unteren Lauf des Inachos der
Boden unbaubar. Daher ist auf der grossen Ebene südlich von der Stadt Argos und der grossen Landstrasse
nach Nauplia bis ans Meer kein einziges Dorf, während
die obere Ebene reich bevölkert ist.

Ehe wir von der Landschaft weiter reden, kehren wir
nochmals zum Eïon und Aigialos zurück. Dass der
Aigialos von den Wellen (αἶγες = κύματα Hesych.) seinen
Namen hat, braucht heute nicht wiederholt zu werden.
Die zweite Hälfte des Worts ist von ἅλς und αἰγίαλος
bedeutet meerwellig. Von dem Anschlagen der Meereswellen hat dieses und jedes ähnliche Ufer seinen Namen,
nicht die „schroffe Küste“, sondern das flache Ufer,
welches leicht von den Wellen überspült wird. Es ist
leicht einzusehen und Aristoteles bemerkt es ausdrücklich, dass der Fluss den Sand und Kies mit sich führt
und da wo er den Meereswellen begegnet den Damm
aufwirft, während hinter diesem das Land niedriger und
sumpfig bleibt. Der Aigialos mit seiner Nässe sind ein
Erzeugniss des Flusses und des Meeres und daher sagte
der Mythos (Apollod. 2, 1, 1.) Aigialeus sei ein Sohn
des Inachos und der Nereide Melia, d. i. der Rauschenden. Die Epigonen des Aigialos werden wir später
bei Pagä kennen lernen. Ueber die Entstehung der Eïon,
des Aigialos führen wir noch eine treffende Stelle des
Strabo 1, 3. pag. 53 an: οἱ ποταμοὶ μιμοῦνται τὸν Νεῖλον,
ἐξηπειροῦντες τὸν πρὸ αὐτῶν πόρον — ὧν καὶ ὁ Πύραμος
ἐν τῇ Κιλικίᾳ πολὺ μέρος προσθεὶς, ἐφ' οὗ καὶ λόγιον ἐκπέπ-

τωχέ τι Ἔσσεται ἐσσομένοις, ὅτε Πύραμος εὐρυοδίνης ἠ ι ό ν α
π ρ ο χ έ ω ν ἱερὴν ἐπὶ Κύπρον ἵκηται. &.

Eine Menge Namen von Heroen und Heroinnen erklären sich aus der angegebenen Bedeutung des Wortes
αἶγες. Aigeus, der sich in Athen von der Burg herab-
stürzte, ist der Heros des welligen Regenbachs, der von
der Akropolis nach dem Tempel der Aphrodite hinab-
fliesst und wenn der Notos das Schiff von Kreta mit
dunkelen trüben Segeln, d. i. mit Regenwolken daherführt,
sich von der Burg herabstürzt.

Aigaion (Ἀιγαίων) der Wellenriese, der Hekaton-
cheir (vgl. χείρ Hellenika 1, S. 222) ist der Dämon des
welligen Wassers auf der Erde, Sohn des Uranos und der
Ge, der in den Dünsten sich selbst in den Himmel erhebt
als Briareus, Βρι-αρευς, der starke Heber.

Die Aegis ist die düstere regen- und gewitter-
schwangere Wolkendecke, die Nässe, welche von den
Wellen, wie die Haut von einer „Ziege“ welche alle
drei Welttheile verunreinigte, „abgezogen“ ist. Il. 17, 593.

Aigaios ist der Beiname des Poseidon sowol als
des Nereus.

Aigina (αἴγ . . & ἰνῶ) ist die „Well-Leererin“, welche
die Wellen des Flusses Asopos ausleert, wenn Zeus sie
ihrem Vater, dem Asopos, raubt und in den Himmel
trägt. Nach ihr ist die Insel Aegina benannt, welche
aus dem Meer Wolken um ihr Haupt sammelt und dann
Regen verkündet. Teophr. de sign. temp. 24.

Aigipan ist der Gott der aus den Wellen aufsteigenden Nebel, wie Pan und sein ganzes Gefolge von
Satyrn und Silenen sämmtlich die Vertreter des Nebels,
die Nebulones der Mythologie sind. In dieselbe Sipp-
schaft gehören die Kentauren und Hippokentauren, ἱππο-
κεντ-αυροι, welche Herakles, der Heros der hellen Luft besiegt.

Aigyptos, *Αἴγ-υπτος*, ist der königliche Heros der zurückkehrenden Wellen, der sich zur Zeit der Dürre, da der Nil nicht stieg, in den Fluss stürzte, welcher sogleich anfing zu steigen und daher fortan Aigyptos hiess. Von den zurückkehrenden Wellen nannten die Griechen den Fluss, dann das Land und nach dem Lande die Bewohner.

Αἰγίλιψ πέτρα ist der von den Wellen benetzte Fels (*αἴξ-λείβω*). Die andern Erklärungen sind eben so komisch als unkundig. Il. 9, 15. 16, 4. Hymn. 18, 1.

Indem man vom Aigialos rechts hinaufbiegend am Inachos entlang nach der Stadt Argos geht, hat man die ganze Argolische Ebene vor sich. Das Thal von Argos, so ähnlich dasselbe anderen Griechischen Ebenen ist, die gegen das Meer münden, ist gleichwohl durch besondere Eigenthümlichkeiten von jenen unterschieden. Schon was über den Ursprung des Namens bemerkt ist, deutet auf einen Charakter hin, der anderen Ebenen minder oder gar nicht eigen ist. Zwar ist die Argolis gleich der Ebene von Athen an drei Seiten von Bergen umschlossen, an der vierten gegen das Meer offen. Allein schon die Lage gegen die Mittagssonne bewirkt eine grosse Verschiedenheit, zumal da die Abdachung in der Nähe der Berge und auch weiter hinab sehr stark ist. Alle Flüsse und Bäche der Ebene nehmen ihren Anfang in den Bergen, welche dieselbe umgeben, keiner kommt aus einer oberen Binnenebene, wie z. B. der Sikyonische Asopos aus der Binnenebene von Phlius; fast alle sind nur Regenbäche. Pausanias (2, 15, 5) berichtet: — *οὕτω σφίσιν ἀφάνισαι τὸ ὕδωρ Ποσειδῶνα καὶ διὰ τοῦτο οὔτε Ἴναχος ὕδωρ οὔτε ἄλλος παρέχεται τῶν εἰρημένων ποταμῶν, ὅτι μὴ ὕσαντος τοῦ θεοῦ. θέρους δὲ ἀνά σφισίν ἐστι τὰ ῥεύματα, πλὴν τῶν ἐν Λέρνῃ.* Doch ist dieser Aus-

druck nicht immer im wörtlichen Sinne zu nehmen. Auch
wenn es lange nicht geregnet hat, enthält das Bett einiger
dieser Bäche u n t e r d e m K i e s rinnendes Wasser, welches
theils aus Quellen (Inachos), theils auch aus dem Niederschlag durch Thau und aus den nicht Regen entsendenden
Wolken, welche an den Bergkuppen lagern, stammt. Die
ganze Ebene ist in Folge des Herabschwemmens von Sand
und Kies aus den sie umgebenden Bergen oder als ur-
sprünglicher Meeresgrund unter der Erd-Oberfläche sehr
reich an jenen Bestandtheilen, welche den Boden sehr
porös machen und wesentlich dazu beitragen, dass das
wegen der schrägen Abdachung schnell v e r f l i e s s e n d e
Wasser zugleich schnell in den Boden v e r s i e g t, während die Sonne in der günstigsten Stellung gegen die
Erde sich befindet, um möglichst viel Nässe zu v e r-
d a m p f e n. Unter diesen Umständen ist es begreiflich,
dass die meisten Bäche der Argolis kaum entstanden auch
schon wieder verschwinden, und dass, mit Ausnahme des
Erasinos, der im Grunde nur ein Emissär des Stympha-
lischen See's ist, und des Sumpfs von Lerna, alle andern
Flüsse in der Regel das Meer gar nicht erreichen, sondern
mitten in der Ebene verschwinden. Ja es wäre zu ver-
wundern, dass in dieser Ebene, ausser zur Zeit des
giessenden Regens, überhaupt noch Wasser vorhanden
ist, wenn nicht wieder die Natur auf eigenthümliche Art
dafür gesorgt hätte. Die Berge sind meistens kahl, das
Kalkgestein sehr locker, in seinen höheren Lagen ohne
Quellen. Gleichwohl sind die Berge der Argolis auch in
der heissen Jahreszeit von W o l k e n umschwebt; denn je
höher die Sonne steigt, je mehr sie den Boden austrocknet,
desto mehr Dämpfe entwickelt sie aus dem Argolischen,
Saronischen und Korinthischen Meerbusen, zwischen welchen
d a s a l t e R e i c h d e s A g a m e m n o n liegt. Und nicht

wie anderswo vertheilen sich die Dämpfe über ein weites
Himmelszelt, sondern sie werden zwischen den hohen
Gebirgen, besonders des sehr tief gestreckten Meerbusens
von Argos gefangen gehalten, durch den sog. Embates
landeinwärts getragen und von den Bergen um die Ebene
angezogen, von wo sie in der Nacht und am frühen Morgen
sich als Thau herabsenken, um gleichsam unsichtbar unter
dem Kies der Bäche in tropfbarem Zustande fortzufliessen,
und dem Boden feuchte Nahrung und den Menschen in
vielen Brunnen von geringer Tiefe labenden Trunk zuzu-
führen.

Diese in der Erde fliessenden Bäche wurden, wie
ja überhaupt Flüsse und Quellen, als belebte Wesen gedacht, und hiessen, was sie waren und sind, e r d f l i e s s e n d e
Δα-νααί, Δα-ναΐδες Δα-ναός. Mit vollem Recht sagte ein Vers
des Hesiod, das wasserarme Argos habe Danaos wasserreich gemacht. (Eust. Il. 4, 171.)

Ἄργος ἄνυδρον ἐὸν Δαναὸς ποίησεν εὔυδρον. oder wie
es bei Strabo (8, 6, p. 371) heisst:

Ἄργος ἄνυδρον ἐὸν Δανααὶ θέσαν Ἄργος ἔνυδρον. Man
braucht nur mit der Hand in dem trockenen Flussbett
des Inachos oder Charadros ein Loch zu graben, so gelangt man zu trinkbarem Wasser, und überall bedurfte
es nur Brunnen von geringer Tiefe (*φρεάτων ἐπιπολαίων*
Strabo p. 370). So war und ist in der That das scheinbar durstige *(πολυδίψιον)* Argos wasserreich. Die Nymphen
des erdfliessenden Wassers, auf welche man die Brunnen
„zurückführte" gaben und geben den Wasserreichthum,
und D a n a o s u n d s e i n e f ü n f z i g T ö c h t e r s i n d
d i e s e S t u n d e n o c h i n A r g o s.

Die Felsenburg von Argos hat grade die Lage, welche
seit den ältesten Zeiten zur Gründung einer Stadt einlud.
Ein in die Ebene hinaus vorspringender halbisolirter Berg,

so gelegen, dass von ihm ein grosser Theil der Ebene
leicht beherrscht wird, die Befestigung zur πόλις oder
Akropolis erleichternd und unmittelbar ein bequem sich
abdachender Boden für die untere Stadt, ἄστυ, auch diese
leicht zu befestigen und im Fall eines plötzlichen Ueber-
falls leicht von den Arbeitern und Bewohnern der Ebene
zu erreichen, nicht unmittelbar am Meer, und daher nicht
dem Angriff jedes Seeräubers ausgesetzt, die Lage gesund
und vor allem und zu allem das Nothwendigste und Beste
nach Pindar, Wasser, sei es aus einer Quelle, sei es aus
einem trinkbaren Fluss, möge er auch wie hier unter dem
Flussbett fliessen. Ohne trinkbares Wasser, und zwar
ausreichend auch für den Sommer, keine Stadtgründung!
Strabo sagt, vier von den Brunnen, ohne Zweifel in der
Stadt, waren besonders heilig gehalten. Mit Hülfe des
Pausanias und der nöthigen Ausgrabungen würde man
sie wohl wiederfinden. Einer ist wohl der βόθρος in dem
vom Danaos geweihten Heiligthum des Apollon Lykios
(Paus. 2, 19, 7), ein anderer in dem Heiligthum des Kephissos, wo das Wasser dieses Bachs, der vom Poseidon
nicht gänzlich vertilgt war, unter der Erde zusammenfloss
(Paus. 2, 20, 7). Mykenä, das trockenste Gebiet des Pe-
loponees hatte nicht einmal den Vortheil der unterirdischen
Flüsse und hätte ohne die Arbeiten des Herakles, der die
symbolischen Thiere des Wassers herbeitrug und ohne
den Pithos, den Eurystheus sich erbaut hatte, nie eine grosse
Stadt sein können.

Die Hauptflüsse in den Griechischen Thälern, deren
jedes meistens Einen hat, der Alpheios, der Pamisos,
der Eurotas, der Kephissos bei Athen und der in
Phokis sind wohl nie gänzlich ohne Wasser. In Argos
verliert selbst der grösste Fluss, der Inachos, jeden
Sommer selbst das kleinste Rinnsal. Diese Erscheinung,

war den ursprünglichen Bewohnern auffallend genug, um
sie zu veranlassen, demselben einen entsprechenden Namen
zu geben, der im Grunde dem Begriff eines Flusses wider-
spricht, und daran nach ihrer Auffassung der Natur
einige Sagen zu knüpfen, welche sich mit der Kunde
jener Physis und der mythischen Wortbedeutung später
auf ihren wahren Inhalt werden zurückführen lassen.

Inachos heisst, was er ist, der Wasserleerer oder
Leerwasser. Der Name ist zusammengesetzt aus der
Wurzel des Zeitworts ἰνέω oder ἰνῶ leeren, und ἄχος.
Dieses Wort ἄχος ist offenbar in dem Namen des Flusses
Acheloos Ἀχ-ελῷος enthalten, Ἀχ-ελώιος, d. i. Wasser,
welches reich ist an ἕλη. Helos ist bekanntlich die
nasse Niederung an den Mündungen der Flüsse im unteren
Thal. Durch solche Niederungen und Lagunen zeichnet
sich besonders der Acheloos aus. Ἀχέρων heissen vier
Flüsse der Oberwelt und einer in der Unterwelt. Ἀχαΐα
ist der Name von Ländern am Aigialos, das wässerige
Land oder vielleicht das Land des Wassergangs. Nur
solche, gelegentlicher Ueberschwemmung ausgesetzte Niederungen am Meer hiessen Achaia, nur solche sind
ursprünglich von Achaiern bewohnt. Dass die Wurzel
ἀχ .. dieselbe sei, wie in aca, aqua und ursprünglich
Wasser bedeute, ist längst anerkannt. Weil das ursprüngliche Uebel, κακόν, die Verderben bringende Fluth des
Winters ist, so hat ἄχος sich allmälig in die Bedeutung
der Trauer, des Kummers zurückgezogen (wie Kummer
ursprünglich Schmutz der Strassen und Häuser bedeutet,
daher „Kummer-Wagen"). Seine ursprüngliche Bedeutung
hat ἄχος, ἀχ .. in einigen zusammengesetzten Wörtern
behauptet. Zu diesen gehört auch Acharnä in Attika,
ein Demos, den das Wasser (αχ ..) länger nass (ἀρυ ..
von ἄρδω) erhält, als andere, weil es aus der Thalfläche

desselben gar keinen Abfluss hat. Daher ist auch
Achatos ein Flussname. Auch das Wort ἄχνη trägt in
seiner Bedeutung Thau, Qualm das Zeugniss seines Ur-
sprungs. In den Endsylben tritt dieselbe Wurzel gewöhnlich auf in der Form αχος, ακη, z. B. Dipsakos, Aiakos.

Wie die Flüsse im Allgemeinen ist auch der Inachos ein Sohn des Okeanos und der Tethys, der
Göttin, welche aus dem Meer die Nässe aufsaugt.
Während des Winters ist der Erdbenetzer, Ποσει-
δάων, im Besitz des argivischen Landes. Allein sowie
die Gewässer im Frühling sich mindern, wird sein Besitz
zweifelhaft. Die Wolkengöttin Hera macht ihm mehr
und mehr die Herrschaft streitig. Während sich Wolken
aus der Nässe des Bodens und des Flusses entwickeln,
bringt Inachos der Hera Rauchopfer (θῦσαι τ῀ Ἥρᾳ Paus.
2, 15, 4.) Als es zwischen dem Poseidon und der Hera,
d. i. zwischen dem Erdbenetzer und der Wolkengöttin zur
gerichtlichen Entscheidung kam, waren ausser dem Phoroneus, dem Sohn des Flusses Inachos, auch die Flüsse
Kephissos (d. i. der hauchende) und Asterion (der
nicht bleibende) und Inachos selbst Richter. Sie entschieden — denn so lag es eben in ihrer Natur und der
des Landes — zu Gunsten der Göttin der Wolken. Jetzt —
das bedeutete der Richterspruch — verwandelt sich das
Wasser der Flüsse in Wolken, und verschwand aus den
Flussbetten und der Mythos sagte, Poseidon habe es ihnen
entzogen; denn so viel Wasser nicht verdampft war, ver-
siegte, um die Erde im Innern zu befeuchten.

Phoroneus aber gründete jetzt das ἄστυ Φορωνικόν
die Niederung, in welcher Erde und Wasser gemischt
ist. Φορωνεύς hat seinen Namen von φορίνω mischen,
und sofern sich das Inachos-Wasser in „Argos" mit der
Erde mischt hatte der Mythos Recht, dass er ihn zum

Sohn des „Flusses Inachos" machte. Diejenigen, welche sich an der Verwandlung des v in ω stossen, mögen sich daran erinnern, dass $\pi\lambda\acute{\epsilon}\omega$, $\pi\lambda\acute{\omega}\omega$ und $\pi\lambda\acute{v}\nu\omega$ verwandt sind, dass $\mathcal{'}\Omega\varrho\acute{\iota}o\nu = \mathcal{'}Y\varrho\acute{\iota}o\nu$ ist, $\chi\epsilon\lambda\acute{\omega}\nu\eta = \chi\epsilon\lambda\acute{v}\nu\eta$, $\tau\acute{\epsilon}\varkappa\tau\omega\nu = \tau\acute{\epsilon}\varkappa\tau\upsilon\nu$.

Was aber die Sache selbst betrifft, so mag es freilich manchem Alterthumsforscher auffallend erscheinen, dass die Mischung der Erde mit Wasser den ältesten Hellenen so wichtig erschien, dass sie als Vertreter derselben einen besonderen Heros erfunden haben. In Gegenden, wo es immer Wasser, Regen, Nebel genug giebt, mag jene Mischung namentlich dem Städter, wenn er nur selber nicht nass wird, sehr gleichgültig sein. In südlichen Ländern ist jene Mischung von so augenfälliger Bedeutung und Wichtigkeit, dass in der That das ganze Dasein und Leben davon abhängig nicht nur ist — es ist es auch im Norden — sondern auch erscheint. Daher tritt dieselbe Idee, die in jenem Namen liegt, in unzähligen Mythen hervor. Eine gewisser Maassen heilige Form jener Auffassung sprach sich aus in der Argivischen Sage von der Vermälung des Uranos mit der Ge, welche die Bedingung der Fruchtbarkeit des Landes war, daher zum Andenken an solche Götter-Vermälung, zu denen unter andern auch die des Zeus mit der Demeter gehörte, kyklische, d. h. jährliche Feste gefeiert wurden. Es lassen sich in den Sagen verschiedener Griechischer Landschaften Mythen nachweisen, welche aus dieser Anschauung der Natur entsprungen sind. Alle Sagen von Kreon und Kreusa gehören hierher, denn diese Namen stammen von $\varkappa\varrho\acute{\epsilon}\omega$, $(\varkappa\acute{\epsilon}\varrho\omega)$, $\varkappa\epsilon\varrho\acute{\alpha}\nu\nu\nu\mu\iota$ mischen. Weil die Mischung die Bedingung des Wachsens und Werdens ist, heisst in der Lateinischen Form creo, creare schaffen. (Vergl. $\mu\acute{\alpha}\sigma\sigma\omega$, $\mu\acute{\alpha}\xi\omega$ machen).

Allein das Uebermaass der Nässe, wie wir an der
„Argos-Ebene“ gesehen, hemmt das Wachsen und Werden.
Das Wasser muss nicht nur kommen, es muss auch nach
den winterlichen Ergüssen eine Sonderung wieder ein-
treten, das Wasser muss fortgeschafft werden, die Natur
muss das Wasser wieder in seine Gefässe bringen, schöpfen,
die neue Schöpfung ermöglichen. Als Gott, nach dem
ersten Buch Moses, das Wasser an besondere Orte ge-
sammelt hatte, und das Trockene geschieden, da liess er
Gras und Kräuter aufgehen; und so geschieht es in jedem
Jahr. Die Natur schafft dadurch, dass sie schöpft und
ist Schöpfer dadurch, dass sie schafft. Die Hellenische
Religion hatte die Aufgabe der jährlichen Sonderung von
Wasser und Erde, oder die Entfernung der überflüssigen
Nässe vorzugsweise einem Gott aufgetragen, den man den
Frühlingsgott nennen kann. Dass dieser der Gott Apollon,
᾽Απ-ολων (so in ältesten Inschriften) ist, dass der Name
zusammengesetzt ist aus der Präposition und dem Wort
ὅλος, d. i. trübes Wasser, darüber vergl. des Verfassers
Abhandlung über „Apollons Ankunft in Delphi.“ Apollon
und Artemis sind Götter der Entwässerung, der
Befreiung der Erde von den winterlichen Gewässern.
Darum bekämpft und besiegt Apollon den Flussdrachen
Python, darum giebt er aus den aufsteigenden Dämpfen
Orakel, darum erscheint er unter den Musen an im Ab-
fliessen rauschenden Quellen und Bächen als Musaget.
Dies möge hier genügen.

Nach den Eoeen des Hesiod hatte Inachos eine
Tochter Mykene, welche mit dem Arestor vermält war.
Ein Sohn des Arestor war Argos, derselbe der nach
anderer Sage den Beinamen Panoptes führte, weil er
Augen am ganzen Körper hatte. Da, wie oben bemerkt,
alle Argos der Mythologie auf die Naturerscheinung

oder Naturbeschaffenheit zurückzuführen sind, welche der durch Nässe unbaubaren Argos-Niederung den Namen gab, z. B. dem Schiff Argo und den Argonauten selbst, so möge hier schon untersucht und erklärt werden, wie es sich eigentlich mit dem vielaugigen Argos Panoptes verhalten hat. Die durch alle Argos-Mythen sich hindurchziehende Bedeutung ist immer die Nässe der Niederung. Argos Panoptes ist aber immer nur der Eine, welcher in der Argivischen Landschaft zu Hause war und schliesslich in derselben durch Hermes soll getödtet sein. — Was war nun der Anlass, dass man ihn Panoptes nannte und ihn mit Augen am ganzen Körper versah? Hoffentlich wird die Erklärung dieser Sage dazu beitragen, das Bild der Ebene von Argos zu vervollständigen, und auf die Io-Sage vorbereiten.

Bekanntlich hat das Wort $\grave{o}\pi\tau\acute{o}\varsigma$ die doppelte Bedeutung „gesehen" und „gesotten, gekocht", abgeleitet von der Wurzel $\grave{o}\pi$ . . . von der die Verba $\check{o}\pi\tau\omega$ sehen und $\grave{o}\pi\tau\acute{a}\omega$ sieden. Daher der Doppelsinn in dem Witz: $\tau\grave{o}\nu\ \grave{\omega}\mu\grave{o}\nu\ \grave{\iota}\chi\vartheta\grave{\upsilon}\nu\ \grave{o}\pi\tau\grave{o}\nu\ \varepsilon\tilde{\iota}\nu\alpha\iota.$ So gut als $\grave{o}\pi\tau\acute{o}\varsigma$ konnte von der Wurzel $o\pi$ . . das Verbalsubstantiv $\check{o}\mu\mu\alpha$ abgeleitet werden. Um in die Anfänge der Sprachbildung zurückzugehen, wird man sich erinnern müssen, dass in den ursprünglichen Wurzeln Activ und Passiv, Subject und Object nicht geschieden sind. So konnte in der Wurzel $\grave{o}\pi$ . . das Sehen und das Gesehene neben einander liegen. In der Physis, in den Bewegungen der Natur gehört zu dem, was zuerst und $\varkappa\alpha\tau'\ \grave{\varepsilon}\xi o\chi\acute{\eta}\nu$ sichtbar wird, nicht Gras und Blätter und Blüthen, sondern eben jene erste $\varphi\acute{\upsilon}\sigma\iota\varsigma$, das in der Luft erscheinende Wasser, von der alle fernere $\varphi\acute{\upsilon}\sigma\iota\varsigma$ abhängt. Darum scheint in dem Ausdruck für dieses das Sehen und das Gesehene (das „Gesicht" spectrum) identisch. Sowie aber die

Sprachbildung unterscheidet — und sie thut das wohl oft gleich — sondert sie durch die Formen die Bedeutung, wenn auch hin und wieder auch die Formen identisch bleiben. Im Englischen heist look scheinen und sehen, während im Lateinischen lucere und im Deutschen lugen jenes nur das erste, dieses das letzte bedeutet. Im Griechischen bildet sich aus jener Wurzel eine doppelte Reihe von Wörtern, wovon die eine vorzugsweise mit jenem sichtbaren Hauch der Natur, die andere mit dem Sehen verwandt ist. Vergl. ὄπτω, ὄψις ὀπτός; auf der anderen Seite ὀπτάω, ὀπτός, ὄψον, ὀψί, Ops oder Opis. Es kann nun wie ὀπτός so auch ὄμμα in jede der beiden Reihen gehören und sowohl das sehende Auge, als das Gesehene, die Erscheinung, den Dampf, den Nebel bezeichnen. Vergl. Soph. Electia 903 ἐμπαίει τί μοι ψυχῇ ξύνηθες ὄμμα. Ajac. 1004. ὦ δυσθέατον ὄμμα, o dirum spectaculum. Heindorf zu Plato Phaedr. 253, e. — ἰδὼν τὸ ἐρωτικὸν ὄμμα. Aus allem diesem ergiebt sich, dass Ἄργος πανόπτης nicht nur „den allsehenden Argos", sondern auch die „überall dampfende Argosnässe" bedeuten kann, der deshalb mit Augen am ganzen Körper gebildet wurde, weil die Dämpfe über der ganzen Argos - Niederung liegen.

Nicht nur ὄμμα von ὀπτ-αω bezeichnete die durch Wärme entstehenden Dämpfe, Nebel, sondern auch das Wort ὀφθαλμός, zusammengesetzt aus ΟΠΤ. und ᾹΛ.. Die Grundbedeutung der Wurzel ᾹΛ. ist in dem Lateinischen halo, halitus, exhalo erhalten. Das „Luft holen" (niederdeutsch: Luft halen) gehört gewiss zu den Dingen, welche am frühesten in der Sprache einen Ausdruck fanden. Daher das Haupt κεφαλή heisst von καπίω (cfr. caput, anceps) und ἅλω (cfr. ἁλίσκομαι, ἅλωσις nehmen, capio einnehmen, einathmen; cfr. Hellenika p. 79). Von

dem Hauch im Athmen wurde das Meer ἅλς benannt, und
weil man, wie heute so in der ältesten Zeit, dadurch Salz
gewann, dass man das Meerwasser über eine Fläche am
Ufer in den Ἁλαῖς sich verhauchen liess, nannte man
auch dieses hauchende Mineral ἅλς. Demnach bedeutet ἅλμα eigentlich den Athem, die Dämpfe, die aus
dem Meer oder aus der Nässe der Erde aufsteigen;
ἅλμη ist eigentlich nicht das Salzmeer, sondern das
hauchende Meer. Der Ausdruck ἅλμα (ἅλμα?) hatte sich
in der technischen Sprache der Mediciner für das erste
Athmen der Kinder erhalten. (Hippocr. de alim. 382,
45. Plato Tim. 70. d.) Im Deutschen stammt das Wort
Hals von derselben Wurzel, das Organ zum Hauchen.
Aus dem Griechischen wollen wir noch anführen, dass
ἅλιος, ἥλιος so heisst, weil die Sonne vor allen die Ursache
des Hauchens der Gewässer ist. Als man angefangen
hatte Apollon mit der Sonne zu identificiren, nannten die
Etrusker den Gott Uhil von uro (cfr. Apollons Ankunft in
Delphi. S. 27). Ὀφθαλμός (ὀπτ .. ἀλμ) bedeutet also
mythologisch dasselbe, was ὄμμα, d. i. „durch Wärme
erzeugten Dampf".; und es ist einleuchtend, dass der
Mythos mit Benutzung des Doppelsinns der Wörter zum
Behuf der mystischen Verheimlichung der dennoch correct
ausgesprochenen Wahrheit sagen konnte, Argos Panoptes
(die überall dampfende Argosnässe) habe viele unzählige
Augen, ὄμματα oder ὀφθαλμούς am ganzen Körper, und
ihn auch so in Bildwerken darstellte, deren eine Anzahl
gesammelt sind in Panofkas Schrift „Argos Panoptes"
(Schriften der Berlin. Academ. d. Wiss. 1838). Eine An-
deutung der richtigen Erklärung des mythischen ὀφθαλμός findet sich beim Schol. zu Arat. 1. Ἡσίοδος „παντα
ἰδὼν Διὸς ὀφθαλμος" τὸν ἀέρα οὕτω καλῶν.
Das Auge hatte nicht blos in Argos die Bedeutung

der Dämpfe, der Evaporation, sondern auch in andern
Griechischen Sagen. Bekanntlich war Dionysos nach Pindar der κύριος καὶ ἀρχηγὸς πάσης ὑγρᾶς φύσεως,
und zugleich derselbe, wie Osiris. (Plut. Isis & Osiris c.
34 u. 35). Nun bedeutete, um von dem letzteren auszugehen
der Name des Osiris „Auge" und Symbol des Gottes war
das Auge, und werden daher in den Gräbern der Verstorbenen zuweilen in grosser Menge kleine Glas- oder
Emaille-Augen gefunden. Verhält es sich also richtig mit
der Verwandtschaft der beiden Götter, sind sie beide
Herren der ὑγρα φύσις, d. h. vor allem der Nässe in der
Luft, aus der das Nass des Nils und aller Flüsse entsteht,
so ist es wenigstens nach dem oben Entwickelten nicht
unwahrscheinlich, dass das ὄμμα oder der ὀφθαλμός auch
Symbol des Dionysos sei. Und dies scheint sich zu be-
stätigen durch die grossen Augen, welche wir an den
flachen Trinkschalen, den s. g. κύλικες finden.

Aus der gegebenen symbolischen Bedeutung des
Auges erklärt sich nun auch die Fabel von dem einäugigen Kyklopen Polyphemos. Alles was Odysseus erzählt,
sind Mythologeumata (Od. 12, 450, 453) d. i. fabelhafte
auf dem Doppelsinn des Worts beruhende Erzählungen
von wirklichen Erscheinungen. Das „Auge" des Kyklopen
ist die Gewitterwolke, der Feuerbrand, den ihm der
Dünste-Heros Odysseus, lat. Ulixes (uligo-μολύμητις &) ins
Auge stösst ist der Blitz, und das Brüllen des Polyphemos
ist der Donner. Das sind die Motive jener Erzählung,
die keineswegs eine blosse Lügengeschichte des Odysseus
ist, der vielmehr stets seiner wahren, wenn auch schwer
zu fassenden, Natur treu bleibt.

Die Erklärung und das Verständniss des Mythos von
der Verwandlung der Inachos-Tochter Io, ihrer Wanderung
durch weite Länder, Uebersteigung hoher Gebirge und

Durchschwimmung ferner Meere setzt nun noch zweierlei
voraus. Erstens müssen wir uns stets vergegenwärtigen,
dass der Mythos immer etwas anderes meint, als er zu
sagen scheint, dass was er sagt ein Wunderbares, Unglaubliches, Unwahres ist, dass aber ein Wahres, Glaubliches, Natürliches dem Gesagten zum Grunde liegt. Der
Mythos ist „eine auf dem Doppelsinn des Wortes
beruhende Darstellung der Bewegung in der
Natur als vom Geist gewollter Handlungen." So
erscheint die Beschreibung der natürlichen Bewegungen als
Geschichte zusammenhängender Handlungen. Diese Geschichte der Handlungen ist das Unwahre, die Bewegungen
innerhalb der Natur sind das Wahre. Da die Handlungen
vom Geist gewollte Bewegungen sind, so enthält der
Mythos zugleich die Elemente des Wollens und des Geistes
d. h. der Ethik und der Einsicht. Es ist also der Mythos
der Darstellung der niedrigsten und der höchsten ethischen
und psychischen Entwickelung fähig. Da sein Object aber
nur die Bewegung in der Natur ist, so enthält er gar
keine Geschichte, d. h. keine Darstellung wirklicher Handlungen. Wohl aber wird die Darstellung der scheinbaren
Geschichte stets analog sein der ethischen und psychischen Entwickelung des Dichters und des Volks, dem wir
den Mythos verdanken. Die Poesie benutzt zu ihrer Darstellung den Doppelsinn des Wortes, selbstverständlich
ihrer eigenen Sprache. Es wäre widersinnig, wollte sie
Mythen einer fremden Sprache erzählen, welche dem
eigenen Volk unverständlich wäre. Der Mythos stellt
bald die Bewegungen in der Natur im grossen Ganzen,
bald in einzelnen Gegenden nach deren Eigenthümlichkeit
dar. Beispiele: Kosmogonien, Theogonien, Wanderung
der Götter und Heroen. Die Mythen von Athen, Theben
beruhen auf der besonderen Natur des Landes. Daher

genaue Kenntniss der örtlichen Natur unerlässlich. —
Ein Zweites, dessen wir zum Verständniss der Io-Mythen
bedürfen ist die genaue Kenntniss des Wesens derjenigen
Götter, welche in den durch jene dargestellten Bewegungen
thätig sind, und also auf das Schicksal der Io einen besonderen Einfluss haben. Diese Götter sind Zeus, Hera,
Hermes; entfernter Prometheus, Okeanos und die Okeaniden.

ZEYΣ. ZHΣ. ZAN. von ζέω und dem verwandten
ζάω, warm sein, leben; das Todte ist kalt. Zeus ist der
Gott der Wärme, und was er wirkt und thut, wirkt
und thut er durch die Wärme. Er ist nicht der Himmel,
aber er ist im Himmel *(ἔστι μέγας ἐν οὐρανῷ Ζεύς).* Als
Gott der Wärme sammelt er Wolken, schleudert er Blitze,
erscheint er im Regen. Als Gott der Wärme verschlingt er
des Okeanos Erzeugte, Metis, trägt er des Asopus Tochter
in den Himmel, lehrt den Apollon die Weissagung aus
dampfenden Gewässern. Als solcher ist er Gemal der
Wolkengöttin Hera, um die er freit am Fluss Im-
brasos; er erzeugt mit ihr den Hephaistos, den Gott
des Feuers in der Gewitterwolke und der Wärme in den
trocknenden Winden. Als νεφεληγερέτα, μητίετα sammelt
er Wolken, aus denen er als ὄμβριος, ὑέτιος Regen herab-
sendet, durch welchen er in goldenen Regen, in einen
Stierfluss *(ταῦρος)* und in anderes sich verwandelt. Weil
Wärme und Licht verwandt sind, meistens mit einander
erscheinen, der warme Tag heller als die dunkle Nacht,
hiess er auch *ΔΙΣ,* wovon man dann statt *ZHNOΣ* &
gewöhnlicher die Casus obliq. *ΔΙΟΣ* & bildete. Vergl.
Helleni cap. 23. Apollons Ank. in D. 10 & Achill 39,
44, 47, 49, 51, 52, 57, Daduchos 25, Geb. d. Athena 8, 10.

ʽHPH, ʽHPA Göttin der Wolken oder der von
Wolken und Dämpfen erfüllten Luft, des ἠήρ oder ἀήρ
wovon der Name, [im Gegensatz des reinen αἰθήρ]. Hera

ist die Wolkengöttin, die Gemalin des Zeus, besonders
in dem wolkenreichen Argos, dessen Naturbeschaffenheit
oben beschrieben ist. Selbst an hellen Tagen erheben
sich Dämpfe aus den Argos umgebenden drei Meerbusen, besonders um die Mittagszeit aus dem argolischen. Ovid Metam. 1,601. interea Juno medios despexit in agros, Et noctis faciem nebulas fecisse v o-
lucres Sub nitido mirata die, non fluminis illas Esse
nec humenti sentit tellure remitti. Die weissrandigen
schwebenden Wolken bewegen sich dann landeinwärts,
auf den Höhen Feuchtigkeit absenkend. Da, wie
als bekannt anzunehmen ist, χρυσός mythologisch das
Fliessende bedeutet, so liegt es sehr nahe die Wolkengöttin χρυσοπέδιλος zu nennen, während der obere Theil,
die Arme, der Göttin weissrandiger Wolken den Namen
λευκώλενος gaben. Okeanos und Tethys haben sie erzogen
und genährt Il. 14, 201, 302, wie sie es noch heute thun.
Zeus hat sie einst in den Wolken aufgehangen, die „Hände"
mit „goldenen" Fesseln gebunden. Il. 15, 20. Sie erscheint
dem Ixion und dem Eudymion in Gestalt einer Wolke,
und auf ihr Geheiss vermält sich Nephele dem Athamas,
deren Kinder wieder aus der Niederung am Kopaischen
See gleich einer Wolke durch die Luft davon schweben,
getragen von einem Widder, dem Symbol der Wolke.
Hellenica 43, 138 f. 196, 207, 220 f. 251. 341. Daduchos.
    Als Wolkengöttin ist sie in Bildwerken verschleiert,
die nupta (als Göttin der nubes). Als auf Bergen hausend
heisst sie *Βοιναία*, als Wellen verschlingend αἰγόφαγος,
als Urheberin der Ueberschwemmung (des Eurotas) ὑπερ-
χείρια (die übergiessende χείρ). Ueber χείρ, Symbol des
Giessens vgl. Hellenika S. 220, 222, 229. Dad. 54 Ath.
10 f. Daher erzeugt sie den Typhon, indem sie mit breiter
Hand auf die Erde schlägt.

2*

ΕΡΜΗΣ, Sohn des Zeus und der Pleiade Maia, geboren auf dem Kyllene. Der Kyllene ist nach Bobleye
2274 Meter hoch, nach Pausanias der höchste Berg Ar-
kadiens, zwischen dem Gebiet von Pheneos, Stymphalos,
Pellene und Sikyon. Er erscheint mehr als ein grosser
isolirter Berg denn als ein Gebirge. Er ist daher ein
deutlicher Gnomon für die Bewegungen in der Atmosphäre, indem sich gegen Abend und in der Nacht die
Dünste, Nebel und Wolken um sein Haupt sammeln, welche
dann am Morgen vor dem kalten Lailaps, der der Sonne
voraufeilt, sich bald als Thau bald als Regen herabsenken,
gegen Abend aber wieder aus den Gewässern des Landes
und des Meeres sich erheben. Neben dem Kyllene ist
ein fast 1000 Meter niedriger, oben flächerer Theil
desselben, die Chelydorea. Auf diesem „Schildkröten-
berg" soll Hermes die Schildkröte gefunden haben, aus
der er gleich nach seiner Geburt am frühen Morgen die
erste Lyra bildete. Hom. Hymn. 17. f.

In der That konnte den Anwohnern jener Gegend
nicht entgehen, dass am frühen Morgen, wenn die Eos
erschien und der ihr voraufgehende kalte Morgenwind
die Nebel niederdrückte und rings leiser Regen sich ergoss,
und in Streifen (σειραῖς daher die Σειρῆνες) durch die
Luft auf den Fels der Chelydorea niederschlug (πλήσσω,
ῥαπίζω), dass dann jene rauschende Musik entstand, die
auch wohl heute jedem bekannt ist, falls ihn nicht das
Missvergnügen über das Nasswerden gegen jeden Eindruck
auf sein Gehör unempfindlich macht. Das Musiciren des
Thau's kann jeder unter den Dachrinnen seines Hauses
hören — wenn er früh genug aufsteht. Vgl. Hellenika
S. 70. Wells on dew .... Hymn. Herm. 52. *πλήκτρῳ
ἐπειρήτιζε κατὰ μέρος, ἡ δ' ὑπὸ χειρὸς σμερδάλεον κονά-
βησε.* Der ursprünglichen Anschauung der Menschen

mochte es wohl nahe liegen, in dem Niederschlag aus
Nebel und Wolken des Kyllene den Urheber dieser Musik
zu erkennen, und diesem Urheber ein anthropomorphes
geistiges Wesen, einen Gott zu unterlegen. Sie nannten
diesen Gott Hermes. Indem wir uns mit dieser Be-
trachtung, um nicht zu sagen Erkenntniss, auf Früheres
beziehen, erinnern wir daran, dass die mythische Bedeu-
tung von $M\eta\delta$. ., $\mu\eta\vartheta$. ., $\mu\eta\tau$. ., aufwärtsstrebende Dämpfe,
und die Bedeutung von $\delta\delta\lambda o\varsigma$, Nebel, längst festgestellt
ist, und zwar ohne Bezugnahme auf den Hermes. Ist
nun Hermes der Gott der Nebel und des Regens, so
ist nicht nur die Bezeichnung desselben im Homerischen
Hymnos als $\delta o\lambda\delta\mu\eta\tau\iota\varsigma$ (319) $\alpha i\mu\nu\lambda o\mu\dot{\eta}\tau\eta\varsigma$ (13) $\dot{\epsilon}\pi\epsilon\iota\gamma\dot{o}\mu\epsilon\nu o\varsigma$
$\delta o\lambda\iota\chi\dot{\eta}\nu$ $\dot{o}\delta\dot{o}\nu$ (86) $\ddot{\eta}\ddot{\nu}\tau'\dot{o}\mu\dot{\iota}\chi\lambda\eta$ (147) $\pi o\iota\kappa\iota\lambda o\mu\dot{\eta}\tau\eta\varsigma$ (155 511)
$\delta o\lambda o\varphi\varrho\alpha\delta\dot{\eta}\varsigma$ (282) $\mu\epsilon\lambda\alpha\dot{\iota}\nu\eta$ $\nu\nu\kappa\tau\dot{\iota}$ $\epsilon\dot{o}\iota\kappa\dot{\omega}\varsigma$ (358) $\kappa\alpha\kappa o\mu\eta\delta\dot{\eta}\varsigma$ (389)
$\delta o\lambda o\mu\dot{\eta}\tau\eta\varsigma$ (405) vollkommen gerechtfertigt, sondern es ist
auch der mythischen Bedeutung jener Worte eine reiche
Bestätigung gegeben. Fügen wir noch hinzu, dass nach
Steph. Byz. (unter $"I\mu\beta\varrho o\varsigma$) die Karer (l. $M\dot{\alpha}\kappa\alpha\varrho\epsilon\varsigma$) ihn
Imbramos nannten.

Versuchen wir, ob wir mit dieser Vorstellung zunächst
im Verständniss des Homerischen Hymnos und somit des
Hermes weiter kommen. Nachdem Hermes am Tage die
Leier gespielt, verbarg er dieselbe zu Hause, und begab
sich am Abend auf den Weg um die Rinder des Apollon
zu stehlen.

$\,{}^{\prime}H\tilde{\omega}o\varsigma$ $\gamma\epsilon\gamma o\nu\dot{\omega}\varsigma$ $\mu\dot{\epsilon}\sigma\omega$ $\ddot{\eta}\mu\alpha\tau\iota$ $\dot{\epsilon}\gamma\kappa\iota\vartheta\dot{\alpha}\varrho\iota\zeta\epsilon\nu$

$\,{}^{\prime}E\sigma\pi\dot{\epsilon}\varrho\iota o\varsigma$ $\beta o\tilde{\iota}\varsigma$ $\kappa\lambda\dot{\epsilon}\psi\epsilon\nu$ $\dot{\epsilon}\kappa\eta\beta\dot{o}\lambda o\nu$ $\,{}^{\prime}\!A\pi\dot{o}\lambda\lambda\omega\nu o\varsigma$

$A\Pi O\Lambda\Lambda\Omega N$ Appollon ist, wie sattsam bewiesen,
der Gott der Entwässerung theils durch Verdampfung
theils durch Abfliessen der Gewässer, besonders der
Gewässer des giessenden Winters. Abgesehen von dem
Versiegen, dem unterirdischen Verschwinden des Wassers,

geschieht besonders' im Frühjahr die Entwässerung auf
den genannten beiden Wegen. Vgl. „Apollons Ankunft
in Delphi" „Hellenika" 69 f. 252 ff. „Achill" 9 f. 13, 18.
„Daduchos" 26. Die Argonauten in „Süd & Nord". „Rom" 8.
19. Als Gott der Verdampfung giebt er Orakel: „$\tau\grave{\alpha}$ $\H{v}\delta\alpha\tau\alpha$
$\H{o}\sigma\alpha$ $\mu\alpha\nu\tau\iota\varkappa\grave{\alpha}$ $\varkappa\alpha\grave{\iota}$ $\pi\nu\epsilon\acute{v}\mu\alpha\tau\alpha$ $\alpha\grave{v}\tau\acute{o}\vartheta\epsilon\nu$ $\i\sigma\chi\acute{v}\epsilon\iota$" Aristeides Pa-
nathenaikos p. 107. — Als Gott der in Quellen und Bächen
abfliessenden Gewässer ist der Musagetes und spielt die
Phorminx in Gesellschaft der Musen in Pierien, wo auch
seine Rinder weiden. Pierien ist jede quellreiche Landschaft an den Abhängen der Berge, besonders des Olymp
und Helikon (cf. auch Leibethra), von wo die Quell-Bäche
sich in die Wiesenniederung an den Mündungen am Strande
ergiessen. Die mythischen Rinder sind die Rinnsale
(Daduchos S. 66) aus welchen dem Apollon die Weissage-
Dämpfe aufsteigen und welche in dem $\lambda\epsilon\iota\mu\acute{\omega}\nu$ sich ver-
sammeln. Am Abend erheben sich Nebel über diesen
Rinnsalen sie begleitend bis an den Leimon. Wenn es
heisst Hermes habe die Rinder des Apollon aus Pierien
bis Pylos heimlich entführt, indem er ihnen zugleich
die Hufen umkehrte — so werde zur Erklärung nur
Folgendes aus dem „Dudachos" wiederholt: als der
Abend kam und die Nebel sich erhoben, legte Hermes
die Leyer bei Seite, und machte sich auf den Weg, um
heimlich in der Nacht von den Wiesen des quellreichen
Pieriens die Rinder des Apollon zu entführen, denen er
die Hufen umkehrte d. h. die er rückwärts trieb,
nämlich das rinnende Wasser in Nebel verwandelt von
unten nach oben und vom Thal gegen die Berge. Ueberall,
wo so in der Nacht die Nebel über den Triften lagen,
da war Hermes mit den Rindern, am Kopaischen See bei
Onchestos und auf „vielen schattigen Bergen und in Thälern
rauschender Flüsse und blumenprangenden Auen". Ehe aber

der Morgen kam, verwandelte sich der Nebel wieder in
Wasser, Hermes trieb die Rinder zum Fluss (Alpheios)
und begab sich selbst leise in die Wohnung auf dem
Kyllene ohne mit den Füssen Geräusch zu machen gleich
einem Nebel (ἠΰτ' ὀμίχλη). —
Im weiteren Verlauf des Hymnos kommt Apollon
am frühen Morgen, seine Rinder suchend, und geht dann
auf den Kyllene. Hier fand er den Hermes δολίησ'
εἰλυμένον ἐντροπίῃσιν. Apoll steigt als Gott der Verdampfung zum Olymp hinauf und nimmt den Nebelgott
mit. Zeus befielt, sie sollen vereint hinabsteigen, um die
Rinder zu suchen. Während sie hinabsteigen, regnet es:
zuerst singt Hermes in dem rauschenden Regen, dann
giebt er den Gott der fliessenden Bäche die Leyer, welche
nun Apollon sogleich spielt, indem das rauschende
Wasser von den Höhen herabfliesst. Apoll will dem
Hermes für die geschenkte Lyra ein Gegengeschenk
machen, nachdem Hermes versprochen, ihm die Lyra nie
wieder zu entwenden, und zwar mit Recht. Denn so oft
der Gott des Niederschlags in Nebel und Regen die
Leier spielt, so oft muss er gestatten, dass der Gott der
fliessenden Entwässerung sie in die Hand (χείρ) nimmt
und spielt. Nur Eins sagt Apollon könne er ihm nicht
gewähren, die Weissagekunst; denn diese besteht ja in
dem Aufsteigen der Dämpfe; dagegen aber giebt er
ihm den goldenen Stab, (χρυσείην ῥάβδον) den Urheber
aller Fruchtbarkeit, d. i. den fallenden Regen, den
„Caduceus" und macht ihn zum χρυσόῤῥαπις, der den
fliessenden Regen herabpeitscht (ῥαπίζω, ῥάβδος).
Die ganze Erzählung ist also eine poetische Darstellung einer höchst einfachen Naturerscheinung: der
Gott der verdampfenden Entwässerung muss erst die
Nässe in die Luft heben, damit der Gott des Nieder-

schlags rauschenden Regen herabsenden kann, und der
Hermes muss im Regen rauschen, damit der Gott
der Entwässerung durch das rauschende Fliessen des
Wassers seines Amtes als Entwässerer warten kann.
So sind nach naturwissenschaftlichem Ausdruck Verdampfung, Niederschlag und Abfliessen in stetem Wechsel;
der Unterschied zwischen uns und den Griechen ist nur
der, dass die Griechen diese Bewegungen in der Natur
ansahen als die von einem innewohnenden geistigen Wesen
gewollte Handlungen; und diese geistigen Wesen waren
ihnen persönliche Götter, die sie auch nach ihrer physischen Eigenthümlichkeit benannten, den Gott der
Entwässerung von ὅλος, Wasser, und ἀπο; den Gott des
Regens, den Benetzer von ἄρδω, ἔρδω, ἔρση. Jene per-
sönlichen Götter waren aber auch im Besitz
der geistigen Eigenthümlichkeiten, welche sie
jeder ethischen und intellectuellen Entwickelung fähig machten.
　　Nachdem wir nun meinen nachgewiesen zu haben,
dass Hermes kurzgefasst der Gott des Regens oder
genauer Gott jeder aus der Luft sich herabsenkenden
benetzenden Nässe ist, wollen wir noch einige aus derselben
Grundbedeutung leicht abzuleitende Namen und Eigenthümlichkeiten des Hermes anführen.
　　Am deutlichsten bezeichnet den Hermes als Regengott, dass die Insel Imbros ihm und den Kabiren heilig
war, und dass die Glückseligen (Eingeweihten μάκαρες,
nicht οἱ Κᾶρες) ihn Imbramos nannten. Auch gehört
wohl hierher der Name des Hermes Polygios (πολυ-
νγιος) in Trözen, der bewirkte, dass die Keule des Herakles
Wurzel und Blätter bekam, da sie an die Bildsäule ge-
lehnt war. — Wer hätte denn mehr ein Recht, Bote
der Götter zu den Menschen zu sein, als der Gott

des Regens, der so oft vom Himmel zur Erde kommt,
Fruchtbarkeit und Segen bringend, ja der selbst in die
Unterwelt, d. h. in das Innere der Erde eindringt zum
Unterweltsgott (Πλούτων) und dadurch Urheber des
Reichthums (πλοῦτος) den Menschen wird. Deshalb heisst
er ἐριούνιος, der eigentliche Regengott im Gegensatz der
andern Seite des Hermes, des δόλιος oder Nebel Hermes.
Arist. Ran. 1165 vergl. Hellenika S. 91, 97, 244, 295.
Dass jener Bote der Himmlischen zu den Menschen κῆρυξ
hiess war um so natürlicher, da der Regen rauscht —
γηρύεται. (426). Wegen seiner Bewegung durch die Luft
hat er Flügel an den Sohlen und am Haupt (der κεφαλῇ)
und führt ausser der leichten Chlamys einen Regenhut,
Petasos. Dass Hermes mit der Herse den Kephalos zeugte
wird denen begreiflich sein, welche den ersten Band der
„Hellenika" gelesen haben. — Wir können wohl hier die
Bestimmung des Wesens des Hermes schliessen in Beziehung auf Anderes etwanige Zweifel abwartend. Wer
in und mit den oben vorgetragenen Gedanken und
mythischen Begriffen den Homerischen Hymnos auf den
Hermes liest, wird von dem Aberglauben, dass die alten
Epiker nicht gewusst hätten, was sie sagten, völlig ge-
heilt werden.

ΠΡΟΜΗΘΕΥΣ. Prometheus ist der Heros oder Gott
der aufwärts strebenden Dämpfe, Hell. 55, 228 f. Ath. 9.
Seine Abstammung genügt es nach Hesiod. Theog. 507
anzugeben. Sein Vater ist Japetes, Gott der schwebenden
Bewegung durch die Luft, seine Mutter die Okeanide
Klymene (κλύζω) die Göttin der wogenden Meereswellen.
Prometheus hat seinen Namen von μάω-(ΜΗΘ, ΜΗΔ,
ΜΗΤ.) und bezeichnet den Gott der aus dem Meer in
die Luft aufsteigenden Dünste, Nebel. Wir werden weiter
unten sehen, weshalb das schwarze Meer eine auffallende

Menge Dämpfe entwickelt, und weshalb diese sich besonders um das nordwestliche Ende des Kaukasus lagern und
durch sich bildende Gewitterwolken hier gefesselt werden,
wie dieselben zuweilen am Tage durch den Wind ge-
lichtet werden, aber in der Nacht um so sicherer wieder
verdichten und wachsen bis schliesslich im hohen Sommer
die helle Luft herrschend wird, Nebel und Wind aufhören.
Hephästos fesselt den Prometheus am Kaukasus, der
Wind ἀετός, nagt an dem Körper des Nebelprometheus,
Herakles der Heros der klaren Luft verscheucht den
Adler und befreit den Prometheus aus seinen Fesseln.

ΩΚΕΑΝΟΣ ist ursprünglich der Gott der Meeresströmung am Festlande. Er kann daher überall sein wo
eine Meeresströmung sich zeigt, namentlich im schwarzen
Meer unter dem Fuss des Kaukasus, wo wir grade eine
sehr auffallende Strömung werden kennen lernen. Des
Okeanos und der Tethys Kinder sind die Okeaniden,
die Heroinen der aus dem Meer durch das Aufsaugen der
Luft (Tethys) entstehenden in der Luft sich bewegenden
Dämpfe wie sämmtlicher Flüsse.

DIE IO UND IHRE IRREN.

Wir werden nun vorzugsweise dem Ovid und dem
Aeschylos folgen, ersterem weil er am ausführlichsten das Schicksal der Io in Argos bis zum Anfang
ihrer Irren, letzterem weil er am ausführlichsten ihre
Irren von Argos bis Aegypten und bis an das Ende
derselben darstellt. Voraus senden wir die kurze Erzählung
des Apollodon (2, 1, 3).

„Io die Tochter des Inachos, die Priesterin der
Hera wurde von Zeus überwältigt. Dieser von Hera
ertappt berührte die Io, verwandelte sie in ein Rind, und
schwur, er sei mit der Io nicht zusammengekommen.
Deshalb, sagt Hesiod, veranlassen Liebesschwüre nicht
den Zorn der Götter. Hera erbat sich vom Zeus das
Rind und stellte ihr zum Wächter den Argos Panoptes,
den Asklepiades (so auch Ovid) den Sohn des Arestor,
Pherekydes des Inachos, Kerkops des Argos und
der Asopostochter Ismene, Akusilaos aber einen Erd-
gebornen nennt. Argos band sie an einen Olivenbaum
in dem Hain der Mykenäer. Zeus befahl dem Hermes,
die Kuh zu stehlen; da derselbe sich aber vor dem Argos
nicht verbergen konnte, tödtete er denselben mit einem
Stein *(λίθῳ)*, weshalb er Argeiphontes genannt wurde.
Hera aber setzte der Kuh eine Bremse *(οἶστρον)*. Io
kam zuerst zu dem nach ihr benannten Ionischen Meerbusen, dann nachdem sie durch Illyrien gewandert und
den Hämus überschritten ging sie durch den damals
Thrakischen jetzt nach ihr Bosporos genannten Meerweg.
Nachdem sie nach Skythien und dem Kimmerischen Land

gekommen, und viele Länder durchwandert und viele
Meere durchschwommen sowol Europas als Asiens, ge-
langte sie schliesslich nach Aegypten, wo sie die alte
Gestalt wieder erlangend am Nil den Epaphos gebahr." —
Soweit Apollodor der, wie sich zeigen wird, nicht ganz
mit dem Aeschylos übereinstimmt, in Beziehung auf die
Schicksale der Io in Argos viel kürzer ist als Ovid, und
in Beziehung auf die Wanderung über Land und durchs
Meer viel kürzer als Aeschylos.

Wir lassen zunächst den Ovid selbst erzählen: Ovid
Metamorphosen. 1. v. 568—733:

Est nemus Haemoniae, praerupta quod undique claudit
Silva, vocant Tempe. per quae Penëus ab imo
570 Effusus Pindo spumosis volvitur undis
Deiectuque gravi tenues agitantia fumos
Nubila conducit, summisque aspergine silvis
Impluit, et sonitu plus quam vicina fatigat.
Haec domus, haec sedes, haec sunt penetralia magni
575 Amnis. in hoc residens facto de cautibus antro
Undis iura dabat, nymphisque colentibus undas.
Conveniunt illuc popularia flumina primum,
Nescia gratentur, consolenturne parentem,
Populifer Sperchios et inrequietus Enipeus
580 Apidanusque senex lenisque Amphrysos et Aeas:
Moxque amnes alii, qui qua tulit impetus illos,
In mare deducunt fessas erroribus undas.
Inachus unus abest, imoque reconditus antro
Fletibus auget aquas, natamque miserrimus Io
585 Luget ut amissam. nescit, vitane fruatur,
An sit apud manes. sed quam non invenit usquam,
Esse putat nusquam, atque animo peiora veretur.
Viderat a patrio redeuntem Iuppiter illam
Flumine, et 'O virgo Iove digna, tuoque beatum

Nescio quem factura toro, pete' dixerat 'u m b r a s 590
Altorum nemorum' et nemorum monstraverat umbras,
'Dum calet, et medio sol est altissimus orbe.
Quodsi sola times latebras intrare ferarum,
Praeside tuta deo nemorum secreta subibis,
Nec de plebe deo, sed qui caelestia magna 595
Sceptra manu teneo! sed qui vaga fulmina mitto.
Ne fuge me!" fugiebat enim. Iam pascua Lernae
Consitaque arboribus Lyrcea reliquerat arva,
Cum deus inducta latas caligine terras
Occuluit, tenuitque fugam, rapuitque pudorem. 600
Interea medios Iuno despexit in agros,
Et noctis faciem n e b u l a s fecisse v o l u c r e s
Sub nitido mirata die, non fluminis illas
Esse, nec h u m e n t i sensit tellure remitti,
Atque suus coniunx ubi sit, circumspicit, ut quae 605
Deprensi totiens iam nosset furta mariti.
Quem postquam caelo non repperit, 'Aut ego fallor,
Aut ego laedor' ait, delapsaque ab aethere summo
Constitit in Terris, nebulasque recedere iussit.
Coniugis adventum praesenserat, inque nitentem 610
Inachidos vultus mutaverat ille iuvencam.
Bos quoque formosa est. Speciem Saturnia vaccae,
Quamquam invita, probat nec non et cuius, et unde,
Quove sit armento, veri quasi nescia quaerit.
Iuppiter e t e r r a g e n i t a m mentitur, ut auctor 615
Desinat inquiri. Petit hanc S a t u r n i a munus.
Quid faciat? crudele, suos addicere amores:
Non dare, suspectum. Pudor est qui suadeat illinc,
Hinc dissuadet amor. Victus pudor esset amore:
Sed leve si munus sociae generisque torique 620
Vacca negaretur, poterat non vacca videri.
Pelice donata non protinus exuit omnem

Diva metum, timuitque Iovem et fuit auxia furti,
Donec Arestoridae servandam tradidit Argo.
625 Centum luminibus cinctum caput Argus habebat:
Inde suis vicibus capiebant bina quietem,
Cetera servabant atque in statione manebant.
Constiterat quocumque modo, spectabat ad Io:
Ante oculos Io, quamvis aversus, habebat.
630 Luce sinit pasci. cum sol tellure sub alta est,
Claudit et indigno circumdat vincula collo.
Frondibus arboreis et amara pascitur herba,
Proque toro terrae non semper gramen habenti
Incubat infelix, limosaque flumina potat.
635 Illa etiam supplex Argo cum bracchia vellet
Tendere, non habuit quae bracchia tenderet Argo:
Conatoque queri mugitus edidit ore,
Pertimuitque sonos, propriaque exterrita voce est.
Venit et ad ripas, ubi ludere saepe solebat,
640 Inachidas. rictus novaque ut conspexit in unda
Cornua, pertimuit, seque exsternata refugit.
Naides ignorant, ignorat et Inachus ipse,
Quae sit. at illa patrem sequitur, sequiturque sorores,
Et patitur tangi, seque admirantibus offert.
645 Decerptas senior porrexerat Inachus herbas:
Illa manus lambit, patriisque dat oscula palmis,
Nec retinet lacrimas et, si modo verba sequantur,
Oret opem, nomemque suum casusque loquatur.
Litera pro verbis, quam pes in pulvere duxit,
650 Corporis indicium mutati triste peregit.
'Me miserum!' 'exclamat pater Inachus, in que gementis
Cornibus et niveae pendens cervice iuvencae,
'Me miserum!' ingeminat, 'Tune es quaesita per omnes
Nata, mihi terras? tu non inventa reperta
655 Luctus eras levior. Retices, nec mutua nostris

Dicta refers, alto tantum suspiria ducis
Pectore, quodque unum potes, ad mea verba remugis
At tibi ego ignarus thalamus taedasque parabam,
Spesque fuit generi mihi prima, secunda nepotum.
De grege nunc tibi vir, nunc de grege natus habendus. 660
Nec finire licet tantos mihi morte dolores,
Sed nocet esse deum, praeclusaque ianua leti
Aeternum nostros luctus extendit in aevum.'
Talia maerentem stellatus submovet Argus,
Ereptamque patri diversa in pascua natam   665
Abstrahit. inde procul montis sublime cacumen
Occupat, unde sedens partes speculatur in omnes.
  Nec superum rector mala tanta Phoronidos ultra
Ferre potest, natumque vocat, quem lucida partu
Pleïas enixa est, letoque det, imperat, Argum.   670
Parva mora est alas pedibus virgamque potenti
Somniferam sumpsisse manu, tegumenque capillis.
Haec ubi disposuit, patria Iove natus ab arce
Desilit in terras. illic tegumenque removit,
Et posuit penas. tantummodo virga retenta est. 675
Hac agit ut pastor per devia rura capellas,
Dum venit, abductas, et structis cantat avenis.
Voce nova captus custos Iunonius 'At tu,
Quisquis es, hoc poteras mecum considere saxo'
Argus ait, 'neque enim pecori fecundior ullo   680
Herba loco est, aptamque vides pastoribus umbram.'
Sedit Atlantiades, et euntem multa loquendo
Detinuit sermone diem, iunctisque canendo
Vincere arundinibus servantia lumina temptat.
Ille tamen pugnat molles evincere sommos   685
Et quamvis sopor est oculorum parte receptus,
Parte tamen vigilat. quaerit quoque, namque reperta
Fistula nuper erat, qua sit ratione reperta.

Tum deus 'Arcadiae gelidis sub montibus' inquit
690 'Inter hamadryades celeberrima Nonacrinas
Naïas una fuit, nymphae Syringa vocabant.
Non semel et satyros eluserat illa sequentes,
Et quoscumque deos umbrosave silva feraxve
Rus habet: Ortygiam studiis ipsaque colebat
695 Virginitate deam. ritu quoque cincta Dianae
Falleret, et credi posset Latonia, si non
Corneus huic arcus, si non foret aureus illi.
Sic quoque fallebat. Redeuntem colle Lycaeo
Pan videt hanc, pinuque caput praecinctus acuta
700 Talia verba refert'... Restabat verba referre,
Et precibus spretis fugisse per avia nympham,
Donec arenosi placidum Ladonis ad amnem
Venerit. hic illam cursum impedientibus undis,
Ut se mutarent, liquidas orasse sorores:
705 Panaque cum prensam sibi iam Syringa putaret.
Corpore pro nymphae calamos tenuisse palustres:
Dumque ibi suspirat, motos in arundine ventos
Effecisse sonum tenuem similemque querenti.
Arte nova vocisque deum dulcedine captum
710 "Hoc mihi concilium tecum" dixisse "manebit,"
Atque ita disparibus calamis compagine cerae
Inter se iunctis n o m e n tenuisse puellae.
Talia dicturus vidit Cyllenius omnes
S u c c u b u i s s e o c u l o s, adopertaque lumina somno.
715 Supprimit extemplo vocem, firmatque soporem
Languida p e r m u l c e n s medicata l u m i n a v i r g a:
Nec mora, falcato nutantem vulnerat ense
Qua collo est confine caput, s a x o q u e c r u e n t u m
D e i c i t et maculat praeruptam s a n g u i n e rupem.
720 Arge, iaces. quodque in tot lumina lumen habebas,
Exstinctum est, centumque oculos nox occupat una.

Excipit hos volucrisque suae Saturnia pennis
Collocat, et gemmis caudam stellantibus implet.
Protinus exarsit nec tempora distulit irae,
Horriferamque oculis animoque obiecit Erinyn   725
Pellicis Argolicae stimulosque in pectore caecos
Condidit, et profugam per totum terruit orbem.
Ultimus inmenso restabas, Nile, labori.
Quem simul ac tetigit, positis in margine ripae
Procubuit genibus, resupinoque ardua collo   730
Quos potuit solos, tollens ad sidera vultus
Et gemitu et lacrimis et luctisono mugitu
Cum Iove visa queri, finemque orare malorum.

Also bei einer Versammlung der Flüsse in der Höhle
(antro d. i. Bett) des Peneios war Inachos nicht erschienen. Wir wissen ja schon, dass er seinen Namen
daher hatte, dass er meistens, oberhalb von Wasser leer,
nur unter dem Kies seines Bettes floss — imo reconditus
antro fletibus auget aquas. Er weinte um seine verlorne
Tochter Io. Wie die von Zeus in den Himmel getragene
Tochter des Asopus, die von Zeus verschlungene Tochter
des Okeanos, die über den ganzen Peloponnes schwär-
menden Töchter des Proitos, die Heroinen der aus den
Gewässern sich erhebenden Dämpfe sind, wird auch wohl
jene Inachos-Tochter gleicher Natur sein. Damit stimmt,
dass sie nach Apollodor Priesterin der Wolkengöttin Hera
ist, der sie Opfer ϑυσίας, d. i. Rauch- oder Dampfopfer,
zu bringen hatte. Zeus hatte sie gesehen redeuntem a
patrio flumine in den aufsteigenden Dünsten. Er forderte
sie auf, sich in den Schatten hoher Haine zu begeben
dum calet et medio Sol est altissimus orbe. Es ist also
die Mittagszeit vorausgesetzt, wenn die Sonne am meisten
Dünste entwickelt, bei Argos besonders, wie oben bemerkt,

aus dem Argolischen Meerbusen. Es trat also das ein,
was die Rede des Gottes voraussetzte. Zuletzt werden
die Nebel immer dichter — deus inducta latas caligine
terras occuluit, tenuitque fugam rapuitque pudorem —
Hera blickt herab und wundert sich mit Recht über den
dunkelen Nebel am hellen Tage, noctis faciem nebulas
fecisse volucres sub nitido mirata die; non fluminis illas
esse nec humenti sentit tellure remitti, denn Io war
vor Zeus geflohen, hatte schon die Weiden von Lerna
und die Lyrkäischen Haine am oberen Inachos verlassen,
die Nebel stammten aus dem Einfluss der Wärme auf
den Golf. Hera die Wolkengöttin steigt herab in die
Ebene, die Wolken senden Regen, dem der Nebel weichen
muss: delapsa ab aethere summo constitit in terris nebulasque recedere jussit (610). Natürlich hatte der Gott der
Wärme das Herabkommen des Regens gemerkt und nach
Ovid er selbst als Hyetios (nach Aeschylos die Hera) den
Nebel in fliessendes Wasser, die Io in ein Rind verwandelt. Hera erbittet sich die vacca, wie die Wolke
das rinnende Wasser begehrt.

Kurz vorher nennt Ovid die verwandelte Io eine
juvenca, auch bos, im Griechischen βοῦς. Die Ableitung
des Wortes βόος von βάω, βαίνω scheint nicht nur nach
Analogie der Ideenverbindung in den Wörtern πρόβατον,
κέλης ἵππος, πόρτις, welche die Bewegung ausdrücken,
gerechtfertigt, sondern wird auch durch die Etymologie
bei Apollodor 2, 4, 5 bestätigt, wonach Taphios sein Volk
Τηλεβόες, nannte, ὅτι τηλοῦ τῆς πατρίδος ἔβη. — Die
mythologischen Rinder sind sämmtlich Symbol des rinnenden Wassers. Analogien der Vertauschung des α mit ο
finden sich z. B. in στροτός statt στρατός, ὄνω statt ἄνω.
Die übliche onomatopöetische Ableitung vom Brüllen βοάω
hat wohl bei Hausthieren keine Analogie. Βόσκω, βός-

κομαι ist erst der abgeleitete Begriff vom G e h e n auf der Weide, daher weiden.

So weidete nun die Kuh in der „A r g o s "-Ebene, durch welche der Inachos hindurchfloss. Sie nagt an Sträuchen und bitteren Kräutern, die Erde, ihr Lager, hat nicht überall Gras, der Fluss aus dem sie trinkt, ist in Folge des gefallenen Regens lehmig (632—34) frondibus arbuteis et amara pascitur herba proque toro terrae, non semper gramen habenti incubat infelix, limosaque flumina potat. Vergeblich müht sie sich zu bitten, sie hat k e i n e Arme, die sie zum Argos ausstreckte; sie kann n i c h t sprechen, die Laute, die sie (das rieselnde Wasser) ausstösst sind Gebrüll, mugitus (mugit Aufidus Sil. 8, 631, der Skamander *μεμυκὼς ἠΰτε ταῦρος* Il. 21, 237). Sie erschrickt vor ihrer eignen Stimme. Sie kommt zum Ufer des Flusses, sie folgt ihrem Vater Inachos und ihren Schwestern u n erkannt; sie leckt, küsst die Hände (manus, *χεῖρες*) ihres Vaters, sie kann w e d e r um Hülfe bitten, n o c h ihren Namen sagen, n o c h ihr Schicksal erzählen. Man beachte wie geschickt Ovid die Negation benutzt, um scheinbar die Leiden der Io zu schildern. Ovid verstand den Sinn des Mythos vollständig. Dasselbe ergiebt sich auch aus der darauf folgenden Erzählung von der Besiegung des A r g o s P a n o p t e s.

Bei Aeschylos (Suppl. 299) ist es die *ἄλοχος ἰσχ-υρὰ Διός*, welche den vielaugigen Wächter bestellt hat. Zeus aber sandte den Regengott H e r m e s, dass er ihn tödte, (*Ἄργον, τὸν Ἑρμῆς παῖδα γῆς κατέκτανε*). Bei Apollodor heisst es: *Ἑρμῆς λίθῳ βαλὼν ἀπέκτεινε τὸν Ἄργον, ὅθεν Ἀργειφόντης ἐκλήθη*. Ovid ist viel ausführlicher: Machen wir uns zunächst die Lage der Dinge klar: Die Niederung ist voll rinnenden Wassers (Io) über dieser schwebt der Nebel (Argos Panoptes), jetzt kommt der Regen (Hermes)

3*

schlägt durch die rauschenden Tropfen den Nebel nieder und blendet so den Panoptes. Hermes auf Befehl des Zeus schwebt vom Himmel oder vom Kyllene auf die Erde hinab: patria Iove natus ab arce desilit in terras. Angekommen legt er den Petasos und die Flügel ab, behält aber — weil der Regen fortdauern soll — den Caduceus, den Regenstab, mit dem er die capellas ($\alpha\tilde{\iota}\gamma\varepsilon\varsigma$) über die Felder treibt, indem er die Syrinx spielt. Argos, dem es gefällt, ladet ihn ein, sich neben ihn zu setzen. Indem Hermes die Entstehung der Syrinx beschreibt, regnet es eo ipso immer weiter. Hermes erzählt: eine Nymphe Syringa sei vor dem Nebeldämon Pan geflüchtet; um ihm zu entgehen, sie sei (die Nymphen sind alle Quell- und Wassernymphen) zum Alpheios geflüchtet und habe die Schwestern gebeten, sie zu verwandeln. Pan habe statt der Nymphe nur Rohr gefasst und während er tief seufzte habe der im Rohr sich bewegende Hauch einen sanften Ton hervorgebracht gleich dem Ton eines Klagenden. Durch die süsse Musik gefesselt habe er aus den ungleichen Halmen des Rohrs die Syrinx gebildet, genannt nach dem Namen der Nymphe. — Während Hermes dies erzählte, war Argos eingeschlafen, Hermes tödtet ihn, dass das Blut (i. e. Wasser, vgl. das Abschneiden des $\mu\acute{\eta}\delta\varepsilon\alpha$ des Uranos) vom Stein, auf dem sie sassen, herabfloss. — Argos war todt. Die Augen des Argos setzte die Hera in die Federn ihres Vogels, des Pfau. — Soweit Ovid. Ehe wir zu Aeschylos Darstellung im Prometheus übergehen, noch einige Bemerkungen über den Namen $\textit{Ἀργειφοντής}$ und den Pfau, $\tau\alpha\acute{\omega}\varsigma$ der Hera.

Es könnte auffallend scheinen, dass sowol beim Aeschylos als beim Apollodor der Wächter nicht mit dem Namen Panoptes, sondern allein mit dem Namen Argos genannt wird, da doch mehr darauf ankommt, dass

der Wächter in der ersteren Eigenschaft beseitigt werde:
nicht die Argos-Nässe, sondern die dampfende Nässe verfolgt mit ihren (mythischen) Augen das rinnende Wasser,
die Io. Nun aber wird durch die Thätigkeit des Regens
die Argos-Nässe nicht nur nicht beseitigt („Argos" nicht
getödtet) sondern im Gegentheil vermehrt, also „Argos"
gestärkt. Darin scheint eine Inconsequenz zu liegen.
Doch haben die Dichter, welche den Mythos, die ἔπη zu
handhaben wussten, das keinesweges übersehen. Allerdings „dehnte der Regen die Argos-Nässe aus." Darum
sagten auch die ἔπη — die ῥαπτὰ ἔπη Daduchos S. 29 —
Ἑρμῆς τὸν Ἄργον ἀπ-εκ-τεινε. Wir bitten den Leser
sich dabei dessen zu erinnern, was schon die „Hellenika"
S. 90, 246. 317 über ἀλώ-πηξ, über ἀλεεινῶν, über τὸν
δά-κτυλον ἀπ-εφ-αγε und hin und wieder über andere
διπλὰ ὀνόματα d. i. über zusammengesetzte Wörter enthalten, und was der „Daduchos" angeführten Orts mit
Berufung auf die Zeugnisse des Pindar, Hesiod und
Philochoros über die ῥαπτὰ ἔπη, und was gleichfalls
der „Daduchos" S. 21 nach Aristoteles über die διπλὰ
ὀνόματα lehrt.

Das Erscheinen des Regengottes Hermes bewirkte also, dass die Argos-Nässe durch den Regen aus-
gedehnt wurde. Wie aber konnte er denn von dieser
That Argostödter, Ἀργειφόντης, genannt werden? Bekanntlich hat man in alter und neuerer Zeit die Form Ἀργει-
φοντής statt Ἀργοφοντής für incorrect erklärt, die daher
nicht zu billigen sei. Freilich nicht. Gleichwol findet
sie sich schon im Homer und durch's ganze Alterthum.
Nun: der Name ist correct, nur bedeutet er in völliger
Uebereinstimmung mit dem Sinn des Mythos etwas ganz
anderes, als Argostödter, nämlich grade das, was er nach
der Wirkung der Thätigkeit des Hermes in der Argos-

niederung bedeuten muss, den Argosbenetzer von ἄργος und εἴβω (λείβω, ἀλείφω), der die Argosniederung mit Regen begiesst. Es bedarf ja wohl nicht der Berufung auf Griechische Zeugnisse, dass β in φ verwandelt wurde. Eustath zu Dionysios Perieg. 460 sagt, das sei Sitte der Macedonier — wahrscheinlich auch sonst in Hellas wo in Provinziallismen, γλώτταις, gesprochen wurde. Rücksichtlich der Anwendung von γλώτταις, Provinziallismen und andern Abweichungen vom Gewöhnlichen, τοῖς παρὰ τὸ κύριον in der Tragödie und im Epos möge doch nie vergessen werden, was Aristoteles in der Poëtik in dem Capitel von dem ὄνομα und der λέξις sagt. Auch mag wieder an die wahre Bemerkung des freilich nur halbkundigen Johannes Diakonos zur Theogonie S. 466 ed. Oxon. erinnert werden. Indem er die Chimaira richtig durch den χείμαῤῥος erklärt fügt er hinzu: μὴ θαυμάσῃς τὴν τοῦ ἀντιστοίχου γραφήν· πολλὰ γὰρ τοιαῦτα εὑρήσεις ἐκτραπέντα τοῦ πρωτοτύπου ἢ διὰ τὴν τοῦ δηλουμένου πράγματος κρύψιν τὲ καὶ ἀσάφειαν, ἤ, κατ ἐναλλαγὴν, ἢ διὰ τήν τῶν γραφόντων ἀπροςεξίαν, ἢ διὰ μέτρον ἢ δι᾽ ἔθος. Vgl. D a d u c h o s S. 8 und daselbst Strabo p. 467. 474.

Von den über den Himmel a u s g e s p a n n t e n (winterlichen) Dünsten hatten die Titanen ihren Namen. Auch die über Argos schwebenden Wolken der Argolischen Wolkengöttin erschienen als ausgespannt über die Landschaft. Die Attribute der Götter haben immer eine Beziehung zu der Eigenthümlichkeit die sie vertreten.

Wie der Schleier, die καλύπτρα, mit der die nupta und auch die ehelige Gemalin des Zeus die Göttin der nubes ihr Haupt umhüllte, zu der Darstellung dieser Göttin gehörte, so war ihr auch vorzugsweise der Vogel geweiht, der durch das Ausspannen seines Schweifes als ein Symbol des Ausspannens der Wolken betrachtet wurde, der ταώς (v. τάω, τείνω), dessen Federn durch augenähnliche glänzende Ringe geschmückt sind. Da also der Pfau die Wolken symbolisirt, welche auch aus der Nässe der Argos-Ebene gebildet werden, war nichts natürlicher, als dass man sagte, Hera habe die ὄμματα des Argos Panoptes in die Federn ihres Vogels des Spanners, des ταώς, d. h. die Dünste in die ausgespannten Wolken gesetzt.

Nach Beseitigung des Panoptes setzte die Hera ihren Hass gegen die Geliebte des Zeus fort, indem sie der Portis-Io eine Bremse auf den Rücken setzte, die ihr nirgends Ruh und Rast gestattete, bis sie nach weitem Irren in Aegypten angekommen. Die Bremse heisst οἶστρος, μύωψ, βούκολος πτερόεις, κινητήριον.

Was fangen nun diejenigen, welche die Io wegen der Hörner zur Mondgöttin machen, mit der Bremse an, was mit dem Argos, mit Hermes, was mit den Irren der Io, die doch wahrlich mit der so regelmässigen Bewegung des Mondes nicht die mindeste Aehnlichkeit haben. Den still wandelnden Mond einer toll gewordenen Kuh zu vergleichen und nun zur Erklärung ihr eine Bremse auf den Rücken zu setzen und den Sternenhimmel einen vielaugigen Wächter zu nennen, der verhindert, dass die Kuh nicht gestohlen wird, der sie fesselt und an einen Baum bindet, dazu gehört doch in der That ein gar seltsam organisirtes Ingenium.

Aeschylos im Prometheus und in den Schutzflehenden erzählt mit einer geringen Ausnahme die ganze Wanderung der Io. Den Anfang derselben bis sie Argos verlässt schildert er in Nebendingen anders, in der Hauptsache ebenso, wie Ovid. Weil jene Nebendinge eine Bestätigung unserer Erklärung geben, wollen wir nun die ganze Darstellung des Aeschylos verfolgen. Dabei werden wir so verfahren, dass wir den auf die Io bezüglichen

Text in chronologisch geographischer Ordnung wieder-
geben, und dann in einem ausführlichen Kommentar die
Belege aus eigener Anschauung und aus neueren
Reisebeschreibungen und anderweitiger Kunde
über die durchwanderten Gegenden liefern.

Da wir das Meiste über die Wanderung aus des
Aeschylos Tragödie theils durch die Io selbst, theils durch
den Prometheus erfahren, werden wir zunächst ein paar
Worte darüber sagen, wie der Dichter oder der Mythos
dazu kommt, die Io zu dem am Kaukasus gefesselten
Prometheus zu führen. Der einfache Grund liegt in der Verwandtschaft des physischen Wesens beider. Prometheus
ist der Gott der vorwärts und aufwärts strebenden Dünste,
welche sich gegen den Himmel erheben, und welche am
Kaukasus, besonders der nordwestlichen Hälfte, aufsteigend
aus dem schwarzen Meer Monate lang gefesselt sind. Zu
ihm, dem gefesselten, kommen die Okeaniden und Okeanos
selber. Letzterer ist nicht etwa ein Gott des grossen
Meeres, sondern ein Gott des schnellen Stroms d. h. der
Strömungen um das Festland auch in den Binnenmeeren.
Daher können die Okeaniden und dann auch Okeanos
selber in den Dünsten zum Prometheus sich erheben.
Während also diese sich mit dem Prometheus unterhalten,
erscheint die gleichfalls verwandte Io. Diese erhebt bei
ihrem Auftreten im Chorgesang v. 562 ein Klagelied
über ihr Schicksal. Wir kommen später auf diese Klage
zurück.

Zunächst lassen wir den Bericht der Io über ihr
Leiden vom ersten Anfang derselben bis zu ihrer Vertreibung aus Argos durch den von Hera gesandten Oistros
im Urtext folgen, dem wir dann die Fortsetzung dieses
Berichtes bis zur Ankunft im Busen der Rhea, den Prometheus selbst giebt, folgen lassen, um diese Wanderung

auf Grund der realen Verhältnisse und der Worte des
Textes zu erklären.
Aesch. Prom. 640. Auf den Wunsch der Okeaniden
und des Prometheus erzählt Io den Anfang ihrer Krankheit:

ΙΩ. Ἀεὶ γὰρ ὄψεις ἔννυχοι πολούμεναι 645
ἐς παρθενῶνας τοὺς ἐμοὺς παρηγόρουν
λείοισι μύθοις· ὦ μέγ' εὔδαιμον κόρη,
τί παρθενεύει δαρὸν, ἐξόν σοι γάμου
τυχεῖν μεγίστου; Ζεὺς γὰρ ἱμέρου βέλει
πρὸς σοῦ τέθαλπται καὶ ξυναίρεσθαι Κύπριν 650
θέλει· σὺ δ', ὦ παῖ, μἀπολακτίσῃς λέχος
τὸ Ζηνός, ἀλλ' ἔξελθε πρὸς Λέρνης βαθὺν
λειμῶνα, ποίμνας βουστάσεις τε πρὸς πατρός,
ὡς ἂν τὸ Δῖον ὄμμα λωφήσῃ πόθου.
τοιοῖσδε πάσας εὐφρόνας ὀνείρασι 655
ξυνειχόμην δύστηνος, ἔς τε δὴ πατρὶ
ἔτλην γεγωνεῖν νυκτίφαντ' ὀνείρατα.
ὁ δ' ἔς τε Πυθὼ κἀπὶ Δωδώνης πυκνοὺς
θεοπρόπους ἴαλλεν, ὡς μάθοι τί χρὴ
δρῶντ' ἢ λέγοντα δαίμοσιν πράσσειν φίλα. 660
ἦκον δ' ἀναγγέλλοντες αἰολοστόμους
χρησμοὺς ἀσήμους δυσκρίτως τ' εἰρημένους.
τέλος δ' ἐναργὴς βάξις ἦλθεν Ἰνάχῳ
σαφῶς ἐπισκήπτουσα καὶ μυθουμένη
ἔξω δόμων τε καὶ πάτρας ὠθεῖν ἐμέ, 665
ἄφετον ἀλᾶσθαι γῆς ἐπ' ἐσχάτοις ὅροις,
κεἰ μὴ θέλοι, πυρωπὸν ἐκ Διὸς μολεῖν
κεραυνόν, ὃς πᾶν ἐξαϊστώσοι γένος.
τοιοῖσδε πεισθεὶς Λοξίου μαντεύμασιν
ἐξήλασέν με κἀπέκλησε δωμάτων 670
ἄκουσαν ἄκων· ἀλλ' ἐπηνάγκαζέ νιν
Διὸς χαλινὸς πρὸς βίαν πράσσειν τάδε.
εὐθὺς δὲ μορφὴ καὶ φρένες διάστροφοι

ἦσαν, κερασττὶς δ', ὡς ὁρᾶτ', ὀξυστόμῳ
μύωπι χρισθεῖσ' ἐμμανεῖ σκιρτήματι　　　　　675
ἦσσον πρὸς εὔποτόν τε Κεγχρείας ῥέος
ἀκτήν τε Λέρνης· βουκόλος δὲ γηγενὴς
ἄκρατος ὀργὴν Ἄργος ὡμάρτει, πυκνοῖς
ὄσσοις δεδορκὼς τοὺς ἐμοὺς κατὰ στίβους.
ἀπροσδόκητος δ' αὐτὸν αἰφνίδιος μόρος　　　680
τοῦ ζῆν ἀπεστέρησεν. οἰστροπλὴξ δ' ἐγὼ
μάστιγι θείᾳ γῆν πρὸ γῆς ἐλαύνομαι.

Die Fortsetzung des Berichts über die Wanderung
bis zum Busen der Rhea giebt Prometheus.

ΠΡ. ἐπεὶ γὰρ ἦλθες πρὸς Μολοσσὰ γάπεδα,
τὴν αἰπύνωτόν τ' ἀμφὶ Δωδώνην, ἵνα　　　830
μαντεῖα θᾶκός τ' ἐστὶ Θεσπρωτοῦ Διός,
τέρας τ' ἄπιστον, αἱ προσήγοροι δρύες,
ὑφ' ὧν σὺ λαμπρῶς κοὐδὲν αἰνικτηρίως
προσηγορεύθης ἡ Διός κλεινὴ δάμαρ
[μέλλουσ' ἔσεσθ', εἰ τῶνδε προσσαίνει σέ τι].　835
ἐντεῦθεν οἰστρήσασα τὴν παρακτίαν
κέλευθον ἦξας πρὸς μέγαν κόλπον Ῥέας,
ἀφ' οὗ παλιμπλάγκτοισι χειμάζει δρόμοις·
χρόνον δὲ τόν μέλλοντα πόντιος μυχός,
σαφῶς ἐπίστασ', Ἰόνιος κεκλήσεται,　　　　840
τῆς σῆς πορείας μνῆμα τοῖς πᾶσιν βροτοῖς.

Apollod. 2, 1, 3. Ἡ δὲ πρῶτον ἦκεν εἰς τὸν ἀπ' ἐκείνης
Ἰόνιον κόλπον κληθέντα. ἔπειτα διὰ τῆς Ἰλλυρίδος
πορευθεῖσα.

In Beziehung auf den ersten Abschnitt, die Erzählung der Io über das, was ihr in Argos begegnet sei, können wir uns zum Theil auf das oben über das ἄργον πεδίον an dem unteren Lauf des Inachos Bemerkte beziehen. Die „unbaubare" lange sumpfig bleibende Niederung erstreckt sich über den Erasinos hinaus bis an den Bach von Kenchreä und den Sumpf von Lerna (τὸν βαϑὺν Λέρνης λειμῶνα (652) wo die ποίμναι βουστάσεις τε πατρός die stehenden Gewässer der Rinnsale des Inachos waren. Ueber diesem sumpfigen Gebiet schweben natürlich in der Nacht aufsteigende Dämpfe, daher sagt Io, sie sei stets in der Nacht durch Träume aufgefordert, sich dorthin zu begeben, um mit Zeus zusammenzukommen, sich ihm zu vermälen. Inachos sendet in den um die anfangende Frühlingszeit mehr und mehr nach Norden ziehenden Ausdünstungen πυκνοὺς ϑεοπρόπους nach Pytho und Dodona, erhielt aber keine deutliche Antwort, bis in Folge der immer stärkeren Ausdünstung bei heftigem Gewitter eine ἐναργὴς βάξις ἐπισκήπτουσα verkündete, wenn die Io, Heroine der Dünste nicht Argos verliesse, würden die Gewitter immer heftiger werden:

$$\pi v \varrho \omega \pi \grave{o} v \; \grave{\varepsilon} \varkappa \; \varDelta \iota \grave{o} \varsigma \; \mu o \lambda \varepsilon \tilde{\iota} v$$
$$\varkappa \varepsilon \varrho \alpha \iota v \grave{o} v \; \mathring{o} \varsigma \; \pi \tilde{\alpha} v \; \grave{\varepsilon} \xi \alpha \ddot{\iota} \sigma \tau \acute{\omega} \sigma o \iota \; \gamma \acute{\varepsilon} v o \varsigma .$$

So wurde Inachos genöthigt, sie zu vertreiben ἄκουσαν ἄκων. Sie weiss nicht, wie es zugegangen: plötzlich ist sie κερασ.τὶς χρισϑεῖσ' ὀξυστόμῳ μύωπι (674). Auf zwei Pompeischen Wandgemälden und auf zwei Vasenbildern (vgl. Panofka's Argos Panoptes mit Bildertafeln) ist die Io als Jungfrau mit zwei kleinen Hörnern auf der Stirn dargestellt und so auch wohl auf der Bühne, obgleich auch die andere Sage von der Verwandlung der Io in ein Rind nicht nur in Gemmen und andern Bildwerken, sondern auch bei Aeschylos in den Schutzflehenden (276)

als Sage angedeutet ist. Nun erklärt sich ja die Benennung
κερασίς leicht von den κέρατα des Rindes. Fraglich aber
bleibt doch, wie fern die Bezeichniss der Nebelheroine
Io als Kerastis gerechtfertigt ist. Hier bietet sich eine
zwiefache Erklärung; nach der einen wäre daran zu erinnern, dass die κέρατα das Höchste an den gehörnten
Thieren ist und somit zur Bezeichnung des Höchsten oder
in die Luft Ragenden an anderen Wesen, also auch an der
in ein Rind verwandelten Nebelheroine angewandt werden
könnte; nach der andern wäre der Name κερασίς von
κεράννυμι abzuleiten, und bezöge sich auf die Natur der
irrenden Io, die zugleich aus Wasser und Nebel gemischt, also Kerastis ist und deren Epitheton dann im
Bildwerk durch Hörner dargestellt wurde. Im Grunde
bestand sie in der wässerigen Argos-Niederung aus beiden.
    Diese über den Wassern schwebenden Nebel wurden
durch den μύωψ d. h. durch den von der Hera verliehenen
Trieb oder Sporn in Bewegung gesetzt, durch das κινητήριον.
Es wird auch gleich die Art der Bewegung angegeben:
Ἐμμανεῖ σκιρτήματι. — Das κινητήριον bedarf ja keiner Erklärung. Wenn dieser Bewegungstrieb οἶστρος, genannt
wird, so ergiebt sich dieselbe Bedeutung leicht, da
οἶστρος nur von οἴσω abgeleitet werden kann, also den
Trieb, das „Trachten" bezeichnet. (Vgl. ὁρμός „Sphinx"
S. 15). Die mythische Manie besteht in dem Wirbeln,
dem unsteten Irren der Dünste in der Luft. („Daduchos"
30, 31). Und von dieser unsteten Bewegung wird grade
das Wort σκιρτᾶν gebraucht. Aeschylos Prometh. 1087.
σκιρτᾷ δ' ἀνέμων πνεύματα πάντων.
    Die Bewachung des Argos wird nur kurz erwähnt,
ebenso sein „plötzlich unerwarteter Tod". Io endet ihren
Bericht damit, dass sie von der Bremse gestochen durch
göttliche Geissel von Land zu Land getrieben werde. —

Zunächst ziehen sich die Dünste und Wolken von Argos
nach Norden — nach der hohen Gebirgsgegend von
Dodona.

Hieran schliessen sich die Worte des Prometheus
v. 829 ff. in denen er zum Beweis, dass er das Schicksal
der Io, das frühere so gut, als das künftige kenne, ihre
Wanderung von Dodona bis zum innersten Winkel des
Ionischen Meerbusens beschreibt. Zunächst also gedenkt
Prometheus ihrer Ankunft auf den Molossischen Ebenen
um den hohen Bergeshang Dodona's, wo der Sitz des
Orakels des Thesprotischen Zeus und das vielbestaunte
Wunder der redenden Eichen, von denen sie deutlich und
ohne räthselhafte Worte angeredet wurde als des Zeus
berühmtes Weib. Das Orakel hatte Recht: sie war ja
hier auf den hohen stürmischen Gebirgen die Heroine
der Wolken, und wenn die vom Winde bewegten Eichen
etwas sagten, so war es dies, dass die Wolken und Nebel
durch den Gott der Wärme bezwungen sich hier sammelten.

Von hier durch den Trieb weiter gejagt raste sie
in einer Zahl mächtiger Flüsse nach dem Ufer des Meeres
hinab und rannte längs der Küstenstrasse bis zum grossen
Golf der Rhea. Eine Küstenstrasse kann nun zwar eine
Landstrasse sein, aber auch etwa für den Schiffer eine
Wasserstrasse längs der Küste. Dass letztere unter der
παρακτία κέλευθος zu verstehen sei, mag schon deshalb
wahrscheinlich sein, weil es an der Ostseite des Ionischen
Meers wegen der überall vortretenden Felsen gar keine
Strasse auf dem Lande geben kann. Indessen darauf hatte
vielleicht der Mythos und der Dichter keine Rücksicht
zu nehmen. Auf der andern Seite erfahren wir ja aber,
dass die Io viele Meere durchschwamm „πολλὴν χέρσον
πλανηθεῖσα καὶ πολλὴν διανηξαμένη θάλασσαν und
so das Ziel ihrer Irren erreichte. Wenn es nun gewiss

ist, dass sie von den nebeligen Höhen Dodona's als
rinnendes Wasser in den Flüssen zum Meer hinabsteigt;
warum sollte sie nicht mit den Flüssen ihren Weg in und
durch das Meer nehmen? So that die Io und thut sie
noch heute.

Es geht fortwährend eine starke Strömung an der
Ostseite des Ionischen Meers von Süden nach Norden.
Diese wendet sich in der Bucht von Triest und geht nun
an der Westseite von Norden nach Süden. Es wird
zweckmässig sein, über diese nicht jedem bekannte Bewegung des Wassers auch später zu benutzende Berichte
von competenten Autoren ausführlich mitzutheilen. Die
gegebene Auffassung der $\pi\alpha\varrho\alpha\varkappa\tau\iota\alpha$ $\varkappa\epsilon\lambda\epsilon\upsilon\vartheta\varrho\varsigma$ wurde uns
bei einem Besuch der Pariser Bibliothek vollkommen
bestätigt durch den Portolano del mare Adriatico com-
pilato sotto la direzione dell' Instituto geographico mili-
tari dell' I. K. Stato Maggiore Generale del Capitano
Giacomo Marieni. Milano 1830 gr. 4⁰. (Dazu ein grosser
Atlas Carta di Cabotaggio del Mare Adriatico 1824 —
mit Strompfeilen) daselbst heisst es: „il movimento radente
le coste e litorale é ammesso e connosciuto da tutti i
vechii ed esperti marini e piloti, comprovato delle
constanti osservatione dei piu celebri autori, che trattano
dal moto delle acque, come pure delle indagini fatti nel
tempo che si esequirano gli scandagli longo le coste ed a
traverso del mare stesso. Questo movimento consiste in una
corrente perpetua e generale, in forza della quale
le acque vengono da Corfu verso Venezia, costeggiando
l'Epiro, l'Albania, le provincie di Cattaro e di Ragusa,
la Dalmazia e le Isole del Quarnero e da ultimo le
spiagge dell' Istria e di Trieste. Sequitano poscia longo
i lidi veneti e quindi procedano inanzi secondo il dis-
corrimento delle coste dello Stato Pontificio e del regno

di Napoli sino al capo di S. Maria di Leuca." — Es wird
hinzugefügt, dass die Seeleute grosses Gewicht auf die
Benutzung dieser Strömung legen, welche 20—25 Fuss
tief gehen soll.

Viel ausführlicher ist eine schriftliche Mittheilung
des mit der Vermessung des Adriatischen Meers beauf-
tragten K. K. Marinecapitain Littrow, welche Schreiber
dieses der Vermittelung des verstorbenen Wiener Professors
der Astronomie, des Bruders des Capitain L. verdankt.

„Die Meeresströmung im Adriatischen Meer, die sich
an der Dalmatinischen Küste von S. O. nach N. W., an
der Italienischen Küste von N. W. nach S. O. bewegt, und
zwar an der letzteren mit 3 und 4 Knoten pr. Stunde,
hat erwiesen ihren Ursprung im Canal von Konstan-
tinopel, im Marmora-Meer und in den Dardanellen wo sie am fühlbarsten ist. Am Cap Kum-Kale
neben Troia theilt sie sich in zwei Strömungen, von
denen die schwächere durch den Canal von Tenedos gegen
Süden läuft, und im ganzen Türkischen Archipelagos bis
Rhodos fühlbar ist, in jedem eingeengten Fahrwasser,
wie im Canal von Mitylene, von Chios, von Rhodos
stärker auftritt, an der ganzen Küste von Karamanien,
Syrien (Cypern) bis Alexandrien aber noch fühlbar
bleibt. — Der zweite Arm der aus den Dardanellen mit
5 und 6 Knoten Schnelligkeit kommenden Strömung geht
gegen Süd-Westen, an Lemnos, Strati, Skyro gegen den
Canal, der von den Inseln Euböa und Andros gebildet
wird, wo sie bei Südwind und zur Regenzeit des schwarzen
Meers wüthet und der Segelschifffahrt bedeutende Hinder-
nisse in den Weg legt, wenn man gegen Norden steuert.
Im Canal von Cea an der Südseite der Insel Hydra, und
besonders im Canal zwischen Cerigo und dem Griechischen Festlande wird sie wieder sehr bedeutend,

wendet am Cap Matapan gen Norden und zeigt sich in
den inneren Canälen der Ionischen Inseln wieder am
stärksten. Im Canal von Corfu wird sie den Seglern bei
schwachen Brisen oft ein unüberwindliches Hinderniss.
An der Küste Albaniens bis Cattaro kommt
sie überall gleich stark vor, und verliert an Kraft erst
in Istrien, wo ein Nordstrom aus dem Quarnero kommt.
[Nach Marieni geht sie offenbar umwendend an Istrien
und Triest vorbei nach Venedig]. Bei Venedig fängt die
südöstliche Strömung längs der Italienischen Küste an,
wird nach der Mündung des Po sehr stark bis über An-
kona hinaus, wo jährlich viele Schiffe in Folge der Stärke
der Strömung in Gefahr gerathen, und bei Windstille in
grossen Tiefen ankern müssen. Die Richtung der Strömung
an der Italienischen Küste bleibt constant bis Cap Spar-
timento von Calabrien und selbst bis zum Faro von
Messina, wo sie wieder an der Küste von Reggio gegen
den Golf von Salerno nördlich zieht, während in den
Liparischen Inseln und an der Sicilianischen Küste in der
Meerenge, trotz der Wirbeln und Strömungen anderer
Art, der Meeresstrom von W. nach O. und von N. nach
S. ausgesprochen ist. — Die Meeresströmung von Gi-
braltar, die bekanntlich vom Ocean einströmt, theilt sich
beim Cap de Gata in Spanien ebenfalls in zwei, von
denen der eine an die Spanische Küste gegen Norden,
die andere an die afrikanische Küste gegen Osten läuft.
Diese letztere ist die stärkere, und im Canal zwischen
Tunis und Sicilien noch fühlbar, während die andern
schon auf der Höhe der Balearen verschwindet," Soweit
Hr. Heinr. Littrow.

Nun also kennen wir die $\pi \alpha \rho \alpha \varkappa \tau i \alpha$ $\varkappa \acute{\epsilon} \lambda \epsilon \nu \vartheta o \varsigma$ und
wissen auch was es heisst, dass dieser Küstenweg der
Strömung zu der grossen Bucht der Rhea führt $\pi \varrho \grave{o} \varsigma$ $\mu \acute{\epsilon} \gamma \alpha \nu$

κόλπον 'Ρέας, denn dieser *κόλπος Ρέας* ist doch nichts als die Bucht des „Fliessens", die Bucht von Triest und Venedig, von wo die Strömung in umgekehrter Richtung weiter stürmt, *ἀφ' οὗ παλιμπλάγκτοισι χειμάζει δρόμοις.* Konnte Aeschylos dasselbe, was wir durch Marieni und Littrow gelernt haben, in poetischer Weise besser gesagt haben, als er gethan? Wenn man *χειμάζει* gewöhnlich als zweite Person des Mediums nimmt, so trifft man damit freilich den beabsichtigten irreführenden Doppelsinn, dass Io auf dem rückwärtsgewandten Wege weiter stürmt. In Wahrheit aber thut sie das nicht, wie wir durch Apollodor und auch durch Aeschylos lernen; vielmehr werden wir im physischen Sinn *χειμάζει* als die dritte Person des Intransitivums nehmen, „von wo es fluthet im umgekehrten Lauf." Demnach ist sowol der Name der Bucht der Rhea als der Ausdruck *παλιμπλάγκτοις δρόμοις* gerechtfertigt.

Wir lernen aber aus den Worten des Aeschylos ein sehr wichtiges geographisches Factum und die gleich wichtige Beseitigung eines historischen Irrthums. Es heisst nämlich weiter:

In aller Zukunft wird die tiefe Bucht des Meers,
Dess sei gewiss, das Ionische Meer geheissen sein
Ein Denkmal Deiner Wanderung allen Sterblichen.

Also nicht von dem Stamme der Ionier, nicht von einem König Ion, sondern von der Wanderung der Io d. h. von den Strömungen, die das ganze Meer durchziehen, hat das Ionische Meer seinen Namen, „das Meer der Strömungen". Es klingt fast, als habe Aeschylos künftigen Irrthümern, vielleicht auch gleichzeitigen, entgegentreten wollen: *σαφῶς ἐπίστασ'.* Beim Hesychios findet sich die Notiz *Ρέας πόρτος* (leg. *πόρος) παρὰ τὸν Ἀδριατικὸν κόλπον, ἔνθα τιμᾶται ὁ Βόσπορος.* Wusste der Urheber dieser Verehrung des Bosporos, dass die Strömung in der Bucht der

4

Rhea aus dem Bosporos stammte? Unter den späteren
Autoren, welche den Namen des Ionischen Meeres
von der Io ableiten, möchte besonders zu erwähnen sein
Eustath zum Dionys. 92. *λέγεται δὲ Ἰόνιος, ὡς καὶ τῷ*
Λυκόφρονι δοκεῖ καὶ τῷ Αἰσχύλῳ ἀπὸ τῆς Ἰοῦς· διενήξατο
γὰρ ἐκείνη βοῦς γενομένη κἀνταῦθα.
Aeschylos hat nicht nur über den Namen des
Ionischen Meers, sondern, wenn wir nicht irren, zu-
gleich über den Namen des Athenischen Potamiers
Ion, des Sohns des Apollon und der Kreusa, und
über das Land der kleinasiatischen Ionier indirecten
Aufschluss gegeben. Vorläufig müsse es genügen wieder
darauf aufmerksam zu machen, dass „Ionien" das Land
ist, welches von den vier grossen Flüssen Kaikos,
Hermos, Kaystros und Maiandros durchströmt ist.
„Ionia" heisst das „Stromland." Ist doch in der Regel
das Land nach der Eigenthümlichkeit einer besonderen
Oertlichkeit, und das Volk erst nach dem Lande benannt.
　　Prometheus bricht die Beschreibung der Wanderung der Io am Golf der Rhea ab, da es ihm, wie er
sagt, nur darum zu thun war, der Io zu zeigen, dass er
ihre frühere Wanderung kenne, damit sie daraus entnehme,
dass auch seine Verkündigung ihrer weiteren Wanderung
vom Kaukasos bis Aegypten auf sicherem Wissen beruhe.
Als Gott der gesammten Nebelbildung, als der kosmische
Meteorolog, konnte er das alles wissen. Er übergeht
also den Weg der Io vom Golf der Rhea bis zum Kaukasos.
　　Dass sie hier an den *ὑψηλοκρήμνοις πέτραις* nicht
in strömender, sondern in nebeliger Gestalt erscheint, ist
klar. Sie ist also wahrscheinlich aus dem Ionischen Meer
wieder aufs Land gestiegen. Dies wird bestätigt durch
Apollodor (2, 1, 3) *ἣ δὲ πρῶτον ἧκεν εἰς τὴν ἀπ' ἐκείνης*

Ἰόνιον κόλπον κληθέντα· ἔπειτα διὰ τῆς Ἰλλυρίδος
πορευθεῖσα. Da die Wanderung der Io gleich mit
dem Ende des Winters in Argos, also auf der Scheide
zwischen dem Gamelion und Anthesterion oder des Januar
und Februar anfing, dürfen wir die Zeit, da sie Illyrien
betrat, ungefähr in die erste Hälfte des März setzen, in
die Zeit, da die Frühlings-Westwinde die Chelidonicn
und Etesien wehten. Die Wolken ziehen jetzt dem
schwarzen Meere zu. Der Mythos hätte die Io nun durch
die Donau wieder ins Meer führen können, dann aber,
wie sich aus Späterem ergeben wird, wäre es schwer gewesen, sie auf natürlichem Wege zum Prometheus gelangen
zu lassen. Auch dem confusen Bericht des Apollodor
über die weitere Wanderung, welcher mit dem Aeschylos
in entschiedenem Widerspruch steht, können wir nicht
folgen. War der Mythos in der Schilderung der Bewegungen des Wassers correct d. h. in Uebereinstimmung
mit der Wirklichkeit, so musste Aeschylos die Io ganz
auf dem Landwege nach dem Kaukasos führen. Diesem
Wege scheinen in der That ein grosser Theil der Wolken
zu folgen. Man braucht nur eine Karte zur Hand zu
nehmen, um sich zu überzeugen, dass die constanten
Westwinde des Frühlings die aus dem Ionischen Meer
emporgehobenen Wolken und Dünste zwischen den
hohen Gebirgszügen des Hämos und der Karpathen
durch das Donauthal der Donaumündung zutragen müssen.
Vgl. Ovids Schilderung des Himmels bei Tomi. Trist. 1, 2, 19.

Welchen Weg sie von hier weiter nehmen, darüber
belehrt uns Kohl in seiner Schilderung des Klimas der
südrussischen Steppe, (Reisen in Südrussland. 1841. 2ter
Theil S. 83 ff.) Die Umwohner der Dniestrmündung ver-
sicherten den Reisenden, dass im Frühling die bestän-
dige Richtung der Gewitter aus Südwest von der Donau-

4*

mündung über das Land her immer längs der Meeres-
küste hinaufschreite, sich über die Steppe herauschleppend.
Kohl selbst machte bei Odessa an 16 Gewittern im Mai-
monat dieselbe Bemerkung. Der Südwestwind ist immer
feucht und wenn er aus dem feuchten Donau-Mündungs-
lande kommt, hat man alle Mal Regen zu hoffen." —
„Ueber dem Dniestr- und Dniepr-Thale stehen oft trübe
Wolken in langen Reihen den Lauf der Flüsse am Himmel
bezeichnend, während auf der hohen Steppe Alles im
freundlichsten Wetter lacht. Ebenso scharf ist die Trennung
zwischen dem hohen Steppenrande bei den Obruiven und
dem Meer. Man muss sich offenbar die Linie des
Steppenrandes weit in das Luftmeer aufsteigend denken, so dass eine flache Wand die Luftschichten
über dem Meer noch weit hinauf von den Luftschichten
über der Steppe trennt."

Also diesen Weg nehmen die Wolken bis an die
nordwestliche Hälfte des Kaukasos, und diesen Weg muss
in der ursprünglichen Sage die Io genommen haben.
Wenn es scheint, dass wir die Kunde von der Landreise
der Wolken oberhalb des Steppenrandes heute nur der
sorgfältigen Beobachtung und Erkundigung eines Reisenden
verdanken, so dürfen wir doch nicht vergessen, dass die
Schiffer und die Umwohner des schwarzen Meers in der
ältesten Zeit dieselbe Beobachtung eben so gut machen
konnten, als heute die Umwohner der Obruiven am Dniepr
und Dniestr. Dass Aeschylos oder die ursprünglichen Dichter der Io-Sagen mehr wussten, als
bisher ihre Erklärer, haben wir ja schon an der
Io-Wanderung durch das Ionische Meer gesehen und
worden wir an ihrer Fortsetzung erfahren.

Apollodor beruft sich in dem Capitel über die Io
auf den Hesiod, den Kastor, auf viele der Tra-

gischen Dichter, ferner auf Asklepiades, Pherekydes, Kerkops und Akusilaos. Aus einer reichen
Literatur hat er seinen Bericht zusammengearbeitet,
verkürzt, und ist so zu folgender uncorrecten Erzählung
gekommen: διὰ τῆς Ἰλλνρίδος πορευθεῖσα, καὶ τὸν Αἶμον
ὑπερβαλοῦσα διέβη τὸν τότε μὲν καλούμενον πόρον Θράκιον
νῦν δὲ ἀπ᾽ ἐκείνης Βόσπορον. Ἐπελθοῦσα δὲ εἰς Σκυθίαν
καὶ τὴν Κιμμερίδα γῆν, πολλὴν χέρσον πλανηθεῖσα καὶ
πολλὴν διανηξαμένη θάλασσαν Εὐρώπης τε καὶ Ἀσίας τελευ-
ταῖον ἧκεν εἰς Αἴγυπτον. Es ist klar und wird sich aus
dem Weiteren noch mehr ergeben, dass Apollodor sich
übereilt hat, um zum Thrakischen Bosporos zu gelangen
und nun schnell einen Sprung rückwärts nach Skythien
und dem Kimmerischen Lande macht, um einen Widerspruch mit dem Aeschylos und mit allen denen, welche
die Io zum Prometheus am Kaukasos und auch zum
Kimmerischen Bosporos gelangen liessen, zu vermeiden.
Apollodor lässt die Io den Bosporos von Europa nach
Asien durchschwimmen.

Die Io kam also in dem Augenblick an den Kaukasos
als Okeanos mit seinem geflügelten Gespann wieder ins
Meer hinabgestiegen war, die Okeaniden aber noch beim
Prometheus weilten. Kaum angekommen fängt sie den
Klagegesang an. Wir setzen ihn nach dem Text von Dindorf
jetzt hierher, und können nun dem Leser überlassen in
den Klagen der Io den Doppelsinn, neben dem ethisch-
menschlichen den physischen zu erkennen.

Τίς γῆ; τί γένος; τίνα γῶ λεύσσειν
τόνδε χαλινοῖς ἐν πετρίνοισιν
χειμαζόμενον;
τίνος ἀμπλακίας ποινὰς ὀλέκει;
σήμηνον ὅποι
γῆς ἢ μογερὰ πεπλάνημαι.

ἂ ἄ,

χρίει τις αὖ με τὰν τάλαιναν οἶστρος,

εἴδωλον Ἄργου γηγενοῦς, ἄλευ δᾶ,

τὸν μυριωπὸν εἰσορῶσα βούταν.

ὁ δὲ πορεύεται δόλιον ὄμμ' ἔχων,   570

ὃν οὐδὲ κατϑανόντα γαῖα κεύϑει·

ἀλλ' ἐμὲ τὰν τάλαιναν

ἐξ ἐνέρων περῶν κυναγετεῖ,

πλανᾷ τε νῆστιν ἀνὰ τὰν παραλίαν ψάμμον·

ὑπὸ δὲ κηρόπλαστος ὀτοβεῖ δόναξ

ἀχέτας ὑπνοδόταν νόμον· ἰὼ ἰὼ πόποι,   575

ποῖ μ' ἄγουσιν ⌣– τηλέπλανοι πλάναι;

τί ποτέ μ', ὦ Κρόνιε

παῖ, τί ποτε ταῖσδ' ἐνέζευξας εὑρὼν ἁμαρτοῦσαν ἐν

        πημοσίναις, ἐή,

οἰστρηλάτῳ δὲ δείματι δειλαίαν   580

παράκοπον ὧδε τείρεις;

πυρί με φλέξον, ἢ χϑονὶ κάλυψον, ἢ πον-

        τίοις δάκεσι δὸς βορὰν,

μηδὲ μοι φϑονήσῃς

εὐγμάτων, ἄναξ·

ἄδην με πολύπλαγκτοι πλάναι   585

γεγυμνάκασιν, οὐδ' ἔχω μαϑεῖν ὅπα

πημονὰς ἀλύξω.

κλύεις φϑέγμα τᾶς βούκερω παρϑένου;

ΠΡ. πῶς δ' οὐ κλύω τῆς οἰστροδινήτου κόρης,

Auf die letzten Worte der Io antwortet Prometheus,
der gefesselte Gott der Kaukasos-Nebel mit vollem Recht,
„wie sollte ich sie nicht hören die wahnsinngetriebene
Inachische Jungfrau, für welche Zeus Herz sich erwärmt,
und die unter der Verfolgung der Wolkengöttin in end-
losen Irren gezwungen sich abmüht." — Im weiteren Ge-
spräch erzählt dann die Io auf den Wunsch der Okeaniden

den Anfang ihrer Leiden bis zu ihrer Vertreibung und Flucht aus Argos. Wir haben diesen Theil ihrer Wanderung mit dem Zusatz des Prometheus schon kennen gelernt, die Inachostochter von Argos bis an die Bucht der Rhea und von hier über Illyrien, das Donauthal und über das nördliche Uferland des schwarzen Meers bis an das nordwestliche Ende des Kaukasos begleitet, und können nun auch ihr Klagelied, mit dem sie beim Prometheus auftritt, verstehen.

Der Leser wolle sich erinnern, dass Prometheus, (nicht ein Mensch von 6—7 Fuss Länge an einem kleinen Punkt des mächtigen Gebirges, sondern) der Gott der Nebel an dem ganzen nordwestlichen Ende des Kaukasos oberhalb des nordöstlichen Euxeinos gefesselt ist. Zu ihm kommen zuerst die Okeaniden, die Töchter des schnellströmenden Meeres, des Okeanos, der überall ist, wo eine Meeresströmung das Festland berührt, und der Tethys, der Göttin, welche aus dem Meere die Dünste aufsaugt und so die Flüsse und Quellen gebiert, und die Wolkengöttin Hera nährt. Wenn die Nebel aus dem Euxeinos sich erheben und sich um den Kaukasos bewegen, dann kommen die Okeanostöchter in den Bächen und Flüssen am nordwestlichen Ende des Kaukasos zum Prometheus. Zu ihnen gesellt sich dann auch Okeanos auf geflügeltem Wagen durch die Luft getragen. Wer dessen eingedenk, der Phantasie des Dichters folgt, der wird alsbald in der langen Unterredung, sei's im Griechischen oder in jeder treuen Uebersetzung, durch die doppelsinnigen und doch treffenden Ausdrücke zu seinem unerwarteten Erstaunen gewahren, wie deutlich der Dichter den physischen Sinn des in so prächtiger Sprache dargestellten Mythos zu erkennen giebt.

Prometheus verkündet also der Io ihre ferneren Leiden, indem er zunächst von V. 703 bis 732 den Weg beschreibt, den sie auf dem Lande und durch das Wasser bis zum Bosporus zurücklegen müsse. Wir stellen auch hier den Griechischen Text voran.

ΠΡ. τὰ λοιπὰ νῦν ἀκούσαϑ', οἷα χρὴ πάϑη
τλῆναι πρὸς Ἥρας τῆνδε τὴν νεάνιδα.
σύ δ', Ἰνάχειον σπέρμα, τοὺς ἐμοὺς λόγους   705
ϑυμῷ βάλ', ὡς ἂν τέρματ' ἐκμάϑῃς ὁδοῦ.
πρῶτον μὲν ἐνϑένδ' ἡλίου πρὸς ἀντολὰς
στρέψασα σαυτὴν στεῖχ' ἀνηρότους γύας·
Σκύϑας δ' ἀφίξει νομάδας, οἳ πλεκτὰς στέγας
μετάρσιοι ναίουσ' ἐπ' εὐκύκλοις ὄχοις,   710
ἐκηβόλοις τόξοισιν ἐξηρτημένοι·
οἷς μὴ πελάζειν, ἀλλ' ἁλιστόνοις πόδας
χρίμπτουσα ῥαχίαισιν ἐκπερᾶν χϑόνα.
λαιᾶς δὲ χειρὸς οἱ σιδηροτέκτονες
οἰκοῦσι Χάλυβες, οὓς φυλάξασϑαί σε χρή.   715
ἀνήμεροι γὰρ οὐδὲ πρόσπλατοι ξένοις·
ἥξεις δ' ὑβριστὴν ποταμὸν οὐ ψευδώνυμον,
ὃν μὴ περάσῃς, οὐ γὰρ εὔβατος περᾶν,
πρὶν ἂν πρὸς αὐτὸν Καύκασον μόλῃς, ὀρῶν
ὕψιστον, ἔνϑα ποταμὸς ἐκφυσᾷ μένος   720
κροτάφων ἀπ' αὐτῶν. ἀστρογείτονας δὲ χρὴ
κορυφὰς ὑπερβάλλουσαν ἐς μεσημβρινὴν
βῆναι κέλευϑον, ἔνϑ' Ἀμαζόνων στρατὸν
ἥξεις στυγάνορ, αἳ Θεμίσκυράν ποτε
κατοικιοῦσιν ἀμφὶ Θερμώδονϑ', ἵνα   725
αὗταί σ' ὁδηγήσουσι καὶ μάλ' ἀσμένως.
ἰσϑμὸν δ' ἐπ' αὐταῖς στενοπόροις λίμνης πύλαις
Κιμμερικὸν ἥξεις, ὃν ϑρασυσπλάγχνως σε χρὴ   730
λιποῦσαν αὐλῶν' ἐκπερᾶν Μαιωτικόν.

εὐθεῖαν ἕρπε τήνδε καὶ πρώτιστα μὲν ⎫
Βορεάδας ἥξεις πρὸς πνοὰς, ἵν' εὐλαβοῦ ⎪ Fragm. bei
βρόμον καταιγίζοντα, μή σ' ἀναρπάσῃ ⎬ Galen.
δυσχειμέρῳ πέμψιγι συστρέψασ' ἄνω ⎭
τραχεῖα πόντου Σαλμυδησσία γνάθος   726
ἐχθρόξενος ναύταισι, μητρυιὰ νεῶν·
ἔσται δὲ θνητοῖς εἰσαεὶ λόγος μέγας   732
τῆς σῆς πορείας, Βόσπορος δ' ἐπώνυμος
κεκλήσεται. λιποῦσα δ' Εὐρώπης πέδον
ἤπειρον ἥξεις Ἀσιάδ'. —

Um diese ganze Schilderung zu verstehen ist es
nothwendig, dass man sich eine genaue Vorstellung von
den Eigenthümlichkeiten des Kaukasus und des schwarzen
Meeres mache. Wenn es wahr ist, dass Prometheus der
wahre Vertreter des Nebels, genannt von μάω der vor-
wärts- oder aufstrebende, aber jetzt am Kaukasos gefesselte
ist, dass die Okeaniden die auf Flügeln getragenen aus
dem Meer aufgestiegenen Nebelheroinen sind, die alsbald
sich in Bäche verwandeln können, dass auch Okeanos
nur im Nebel den Kaukasos ersteigen kann, und dass
auch Io, die bald als Rind in strömendem Wasser, bald
als Nebel verfolgt von dem Treiber der Wolkengöttin
erscheint, über Land kommend sich hier eingefunden
hat, so muss man gestehen, dass mit dem Prometheus
eine ansehnliche Versammlung von Nebel und Nebel-
geistern vereint ist. Man wird wohl mit Recht eine solche
Anhäufung von Vertretern des Nebels auffallend finden.
Vielleicht hatte der Mythos aber doch Recht.

Dubois de Montpéreux reiste am 14. Juni (!)
1834 von Wladikaukas an der nördlichen Seite des Kaukasos „einer von vielem Regen heimgesuchten Stadt" ab.
„Wir übernachteten in Aredonskoi (am unteren Terek)
und ich hatte die ausserordentliche Freude, beim Auf-

gang der Sonne die prachtvolle Ansicht des Kaukasos zu
geniessen, der sich vor unsern Blicken gleich einem ungeheuren Panorame ausbreitete. Doch Alles war nach
Verlauf einer halben Stunde verhüllt, ein Nebel erhob
sich und wir sahen während des übrigen Tages
nichts mehr vom Kaukasos". Bei der Abreise von
Perischibe hatte Dubois wieder das prachtvollste Schau-
spiel der ganzen Kette des Kaukasos, aber „um 8 Uhr
(Morgens) waren bereits alle Alpen des Kaukasos in Nebel gehüllt." In der Beschreibung seiner
Reise am Kuban (S. 520 der Uebersetzung von Külb)
bemerkt Dubois: „Nebel sind acht Monate des
Jahrs sehr häufig."

Koch (Reise durch Südrussland nach dem Kau-
kasischen Isthmus Stuttg. 1843 2ter Bd. S. 521) reiste im
December desselben Weges. D. 27. Dec. schreibt er aus
Stauropol: „wir vermochten kaum durch den dichten Nebel
hindurchzusehen." Die entlaufenen Pferde wurden nur
durch die Glocke („von Waldai") wieder gefunden.

Bodenstedt (Tausend und Eine Nacht im Orient
3. Aufl. 1859) gedenkt wiederholt der dichten Nebel des
Kaukasos S. 34. „Hier (vor dem Kaukasos von Iekaterino-
grad ausgesehen) ist kein vermittelnder Uebergang, kein
störendes Vorgebirge, das den Anblick des Ganzen er-
schwert: entweder erscheint der Himmel grau umwölkt,
dichte Nebel beschränken den spähenden Blick und man
wähnt noch mitten in der Steppe zu sein — oder der
Wolkenschleier zerreisst, der Nebel fällt, und das Gebirge
steht in seiner ganzen Glorie." S. 409 (an der Küste von
Abgasien). „Oft zieht sich eine alles verhüllende Nebel-
mauer vor den spähenden Blicken hin, und vergebens
sucht dann das Auge einen erquickenden Anhaltspunkt.
Im April nur wenige vollkommen heitere Tage." —

Wir werden später sehen, aus welchen Ursachen der Kaukasos sich so auffallend durch Nebel auszeichnete. Zunächst machen wir auf die Wirkung dieser Nebel und Wolken aufmerksam, welche bald heftige Gewitter erzeugen, bald unzähliche Flüsse und namentlich die vier grossen Flüsse an beiden Seiten des Kaukasos, an der Nordseite den Kuban und Terek und an der Südseite den Phasis und Kur füllen. Der Kuban trennt den Kaukasos von der Skythischen Ebene, welche so gut wie gar keinen Beitrag zur Wasserfülle des Kuban (Saranges Orph. Argon. 1050) liefert, wie denn dieselbe auch von den Nebeln des Kaukasos unberührt bleibt. Der andere Fluss der Nordseite, „Hybristes" oder der T e r e k ist vielleicht der wildeste gewaltsamste übermüthigste Fluss der Erde. Wir geben hier nach Koch (Bd. 2 S. 23) eine Uebersicht über die verschiedenen Entfernungen, Höhen und den F a l l des Terek zwischen den einzelnen Orten auf der 8¹/₂ Meilen langen Strecke zwischen Kobi und Wladikaukas.

H ö h e.	Entfernung.	Fall.
Terek b. Kobi . . 5985 Fuss		
„ „ Kasbek. . 5254 „	2 $^5/_{14}$ Meile	731 Fuss
„ „ Darjel . . 3772 „	1 $^7/_{14}$ „	1482 „
„ „ Lars. . . 3094 „	$^{12}/_{14}$ „	678 „
„ „ Stedant. . 2268 „	2 $^9/_{14}$ „	826 „
„ „ Wladikaukas 1941 „	1 „	527 „
	8 ¹/₂ Meile	4044 Fuss.

Der Terek fällt also zwischen Kasbek und Darjel auf 1¹/₂ Meile nicht weniger als 1482 Fuss, auf der ganzen Strecke von Kobi bis Wladikaukas (8¹/₂ Meile) 4044 Fuss.

Reineggs (histor. geogr. Beschreibung des Kaukasos
l. S. 17.) vielleicht auf Anlass der Erwähnung der „Chalyber" bei Aeschylos, bemerkt dass am Isti-Su in Skythenlande sich Spuren von Erzgruben finden. Ueber das
Gebiet des Terek berichtet er ausführlich S. 17. „Nach
einem Zeitraum von 3 — 13 Jahren entledigt sich der
Schneeberg (d. i. der Kasbek) und die ihn umgebenden
Berge unter gewaltigen Ueberschwemmungen ihres schmel-
zenden Schnees und ihres Eises mit erstaunender Ge-
schwindigkeit und Gewalt. Ein häufig fallender Regenguss
spült die Oberfläche der Felsen ab, und reisst ihre
Trümmer unaufhaltsam mit sich fort. Indessen Donner
und Winde dem in schwarzem, Berge und Thäler
verdunkelndem, Nebel gehülltem Gebirge den
gänzlichen Untergang drohen, soll man solches ganz feurig,
die Spitzen der Berge aber ganz kahl und feuerleuchtend
sehen. Im Jahr 1776 d. 18. Juni spürte man in den
Thälern und auf den Bergen um diesen gedachten Schneeberg eine ganz ungewöhnliche Hitze, die bis an den folgenden Morgen fortdauerte; endlich entstand um 9 Uhr
Vormittags ein entsetzliches Donnerwetter, welches mit
Blitzen, Stürmen und Regen bis 12 Uhr anhielt. Die
Berge selbst schienen sich zu bewegen. Eine reissende
Fluth vom Schneeberge herabströmend spülte grosse
Lasten von Steinen, bläulichen Eisstücken und Schnee in
so unglaublicher Menge in das Thal hinab, in welchem
der Terek fliesst, dass dessen Lauf drei Tage lang ge-
hemmt wurde, und da weder der Terek noch die Menge
des Gebirgswassers einen Abfluss fanden, so entstand
eine Ueberschwemmung aller innern Thäler. Viele Dörfer
und Menschen unterlagen dieser Verwüstung." Man wird
bei dieser Schilderung lebhaft an die Schlussverse des
gefesselten Prometheus erinnert.

Uebrigens ist der Terek zu aller Zeit ein solcher
Hybristes, dass die Beschreibung des Aeschylos zu aller
Zeit auf ihn passt. Koch Bd. 2, S. 3: „Besonders ist
es der Terek, welcher vermöge seines wilden Wassers
und der vielen Bäche, die aus den nahen Gletschern in
ihn sich münden, die meisten Schwierigkeiten in den Weg
legt, und nicht selten dem Wanderer ungeheure Felsblöcke
entgegensetzt. Im Frühjahr, wenn der auf den
Höhen angehäufte Schnee schmilzt, schwillt
er zu einer fürchterlichen Höhe an, und reisst
Alles wildbrausend mit sich fort. Regelmässig
alle sieben Jahre fällt vom eisigen Kasbek eine Lawine
und verschüttet das ganze Thal mit ungeheuren Massen
von Schnee. — Alljährlich hört man von Unglücksfällen,
die hier sich zutragen. Und doch ist diese Strasse noch
die beste und bequemste, welche selbst die Zugvögel
gehen." — Vgl. Bodenstedts schönes Gedicht „Der
Terek." Die Strasse über den Kaukasus geht stets am
linken Ufer des Flusses.

Nicht nur die Zugvögel folgen hier dem Lauf des
Flusses. Auch die Wolken ziehen ja meistens lieber den
Thalweg. Sie werden, sofern eine ruhige Bewegung statt-
findet, sowol dem Kuban, der vom Elbrus herabkommt,
als dem Terek folgen, zumal wenn der über das Russische
Flachland und die kahle Steppe daherwehende Nordwind
die Nebel und Wolken über den Kaukasos hinüber den
Armenischen Bergen zutreibt.

Leider sind wir über die Abhänge der Armenischen
Berge nach dem Euxeinos hin schlecht unterrichtet. Tschi-
hatscheff berührte auf seiner Reise 1853 von Süd nach
Norden gehend 10. Aug. bei Siwas den Halys, d. 16. Aug.
früh Morgens den Tokat = Iris, am selben Tage Abends
den Niksar-su = Lykos nahe vor Niksar. Von da auf dem

Wege nach Samsun kam er am 17. Aug. über den oberen (?)
Lauf des Terme-Tschai (Thermodon), am 22. Aug. am
östl. Ende der Ebene von Themiskyra an den unteren
Lauf des Terme-Tschai und dann an den Yeschil-Irmak
i. e. der grüne Fluss = Iris. Am 24. Aug. Ankunft in Sam-
sun. Im Jahr 1858 reiste derselbe von Samsun nach
Armenien. Am 4. Mai passirt er auf einem andern
Wege den „grünen Fluss" (Iris), den 5. Mai Niksar.
Sein Weg ging von hier östlich zwischen dem Thermodon und
Lykos, doch näher dem letzteren, getrennt von ihm durch
Felsen-Gebirge. Nach einem starken Umweg nach Norden
bis ans Meer und aus der Gegend von Tripolis wieder
nach Süden gelangte er am 10. Juli an den Kelkit-Su
(Lykos) und am 12. Juli nach Erzingian am Euphrat. —
Ueberall traf er fast wasserleere Flüsse und sehr steile Ufer.

Tournefort beschreibt im 18. Brief (Voyage au
Levant) den Weg von Trapezunt über Baibut nach Erzerum
und bezeugt ausdrücklich, dass jene Berge an der Pontus-
Abdachung noch im Juni mit Schnee bedeckt waren. Je
weiter hinauf nach Osten desto mehr ist dies der Fall.

Im Ganzen ist man aber zur Zeit des Strabo über
diese Gegend, namentlich er selbst, der ja aus dieser
Gegend stammte, viel besser unterrichtet gewesen als wir.
Er sagt S. 497. „Vom Kaukasos erstrecken sich einige
Arme gegen Mittag, welche Iberien umfassen, und sich
an die Armenischen und s. g. Moschischen Gebirge an-
schliessen, und ferner (weiter westlich) an den Skydises
und den Paryadres. Diese sind Theile des Tauros,
welcher die südliche Seite Armeniens bildet, von dort
gleichsam nach Norden abgerissen und bis zum Kaukasos
sich erstreckend bis zum Ufer des Euxeinos zwischen Kolchis
und Themiskyra." Also von Osten nach Westen parallel
mit der Küste erstrecken sich die Gebirge des Skydises

und Paryadres, von denen der Skydises zwischen dem
Thermodon und Lykos, der Paryadres südlich längs dem
Lykos sich hinzieht. Strabo berichtet weiter S. 548:
„Oberhalb des Gebiets von Trapezunt und Pharnakia
sind die Tibarener und Chaldäer und Sanner, welche
man früher Makroner nannte, und Klein-Armenier; auch
die Appaïten nähern sich diesen Gegenden, die früher
Karkiten hiessen. Durch diese Völkerschaften erstreckt
sich der Skydises, das rauheste Felsgebirge *(ὄρος τρα-*
χύτατον), welches die Moschischen Gebirge (südlich) oberhalb Kolchis berührt, und dessen höchste Berge die Heptakometen inne haben, und der Paryadres, der sich bis
nach Klein-Armenien erstreckt von den Gegenden Sidenes
und Themiskyras, und die Ostgrenze von Pontus bildet.
Alle jene Bergvölker sind äusserst wild, mehr aber als
alle die Heptakometen.“ Weiter hin kommt Strabo
(S. 555) wieder auf die Gegend des Paryadres: ἡ γὰρ
τοῦ Παρυάδρου πᾶσα ὀρεινὴ -- εὔυδρός τε
οὖσα καὶ ὑλώδης καὶ ἀποτόμοις φάραγξι καὶ
κρημνοῖς διειλημμένη πολλαχόθεν. — εἰς ταύτας
κατέφυγε τὰς ἐσχατιὰς τῆς Ποντικῆς βασιλείας
ὁ Μιθριδάτης. Diese äussersten Theile grenzten
an Akilisene, welches am linken Ufer des westlich
fliessenden oberen Euphrat. (Str. S. 521) liegt. Die bergigen Gegenden des Skydises und Pasyadres mit den
engen felsigen Flussbetten des Thermodon und
Lykos bis Themiskyra hinunter waren die Sitze der
Amazonen. Vgl. Strabo S. 503—505 und Obiges.

Wir kehren jetzt zum Kaukasos zurück, um den
Ursachen nachzuforschen, weshalb dieses Gebirge, mehr
als gewöhnlich andere, so oft in Nebel eingehüllt ist und
auf welchem Grunde die Mythen vom Prometheus
und von dem Erscheinen der Okeaniden und des Okeanos

selbst auf jenem Gebirge entstanden sind. Die Betrach-
tung über die Zuflüsse der aus den von hohen Bergen
herabkommenden Ströme Klein-Asiens, nicht blos des
Thermodon, Lykos und dem mit ihm vereinigten Iris
kann uns wohl veranlassen, auf die übrigen Zuflüsse
einen Blick zu werfen. Nicht nur aus dem übrigen Klein-
Asien, sondern auch vorzugsweise aus Europa und nicht
nur in der eigentlichen Wasserzeit, sondern während des
ganzen Jahres strömt eine unermessliche Wasser-Menge
in den Euxeinos von den Alpen, den Karpaten, aus ganz
Russland durch Donau, Bug, Dniestr, Dniepr, Don und
Kuban, der unzähligen kleineren Flüsse nicht zu gedenken.
Zu gleicher Zeit ist auch der directe Niederschlag in das
grosse Bassin des Meeres durch Regen ein verhältniss-
mässig sehr starker. Alle diese Gewässer haben
nur einen einzigen Abfluss durch den engen,
an der schmalsten Stelle nur vier Stadien
breiten Bosporos. Es ist einleuchtend, dass alle jene
Wasserfülle durch den Bosporos nicht kann abgeleitet
werden, und dass, wenn es nicht noch einen andren Weg
der Ableitung gebe, der Euxeinos immer höher steigen
müsste. Diesen andern Weg findet sie allein in der
Verdampfung und durch diese erklärt sich nun leicht
zumal bei den vorherrschenden westlichen Winden die
vorherrschende Nebelumhüllung des Kaukasos.
Doch geht die Ausbreitung des Nebels auch über andere
Regionen. Ovid in Tomi (Trist. 1, 2, 19 ff.) ruft aus:

Me miserum, quanti montes volvuntur aquarum,
Iam iam tacturos sidera summa putes.
Quantae diducto subsidunt aequore valles
Iam iam tacturas Tartara nigra putes.
Quocumque adspicias, nihil est nisi pontus et aër
Fluctibus hic tumidis, nubibus ille minax.

Wir haben aber noch einer andern Wirkung des
Missverhältnisses zwischen Zufluss und Abfluss in dem
Euxeinos zu gedenken, welche wie wir sehen werden, wesentlich zur Erklärung der Aeschylischen Tragödie beiträgt,
die bisher den Philologen und ausser einigen Schiffern
wohl den meisten Menschen unbekannt war, nicht aber
dem Dichter des Prometheus. Es ist bekannt, und wir
haben dessen ein Beispiel im Ionischen Meer gesehen,
dass die Strömungen der Binnenmeere sich am Lande
halten. Ein Blick auf die Karte zeigt schon, dass alle
Gewässer aus den grossen Flüssen von der Donau bis
zum Dniepr (Borysthenes) an der westlichen Seite des
Euxeinos nach dem Bosporos hindrängen. Da sie hier
nur zum Theil ihren Abfluss finden, so wird die Strömung,
soweit sie keinen Durchgang durch den Bosporos findet,
ihren Lauf über denselben hinaus fortsetzen
und längs der ganzen Kleinasiatischen Küste und ferner
unter dem Kaukasos alle auf dieser Linie mündenden
Flüsse aufnehmen. Indem diese Strömung erst in östlicher
dann in nördlicher Richtung sich bewegt, wird sie schliesslich durch die starke Strömung aus der Mäotis unter dem
Kimmerischen Taurus ins Meer hinausgedrängt. Nehme
man nun zu dieser Verdampfung, zu dieser Strömung, in
der westlichen Hälfte von Norden her, in der östlichen
nach Norden hin, den Kampf der Winde meistens von
Westen, oft in Folge des Temperaturenwechsels vom Kaukasos herab, oder als Boreas über die Russischen
Steppen, so begreift sich, dass der Euxeinos ein A x e i-
n o s ist, ein den Schiffen sehr gefährliches Meer.
     Zur Bestätigung jener an sich schon wahrscheinlichen
Strömung möge zunächst ein Zeugniss aus dem trefflichen
Werke von G a m b a angeführt werden: „Voyage dans la
Russie méridionale et particulièrement dans les provinces

5

situées au-delà du Caucase. Paris 1826. 2. Edit." Gamba
schreibt S. 100 „la nuit précedente le vent avait été
violent, et la lame était encore très forte. La vitesse
des courants, qui du Phase et de la Khopi por-
tent toujours au nord, avait été augmentée par la
quantité d'éau tombée des montaignes, à la suite de
nombreux orages survenus depuis quelques jours, et qui
ayant formé de nouveaux bancs à l'embouchure de la
Khopi, en rendaient l'entrée très difficile. Des traveaux
hydrauliques dirigeront hors de la passe les sables, que
la rivière charrie à la suite des orages si fréquents
dans cette contrée (dem Land des Ajetes). An einer
andern Stelle S. 118 erzählt Gamba wie folgt: nous nous
trouvions dans la rade de Soukoum-Kalé au moment d'un
orage; le capitaine de la fregate nous dit en riant, que
le lendemain il ferait surément sa provision de bois; et
en effet il arriva du côté de la Khopi et du Phase une
si énorme quantité de bois de chêne, de hêtre, de noyer
et de châtaignier, qu'il en put rassembler au-dela de ses
besoins. Zur Erklärung dieses Phänomens bemerkt er
auf der folgenden Seite c'est alors (au temps des orages)
que les eaux d'étachent de morceaux de rochers, des
masses de cailloux et des arbres de toute
espèces, qui, parvenus à la mer sont entraînés par le
courant, qui porte toujours au nord. Ils couvrent
la grève de leurs débris et indiquent aux mineralogistes
une partie des richesses, que recèlent les montagnes, où
le Phase prend sa source." Wir haben schon anderswo
bemerkt, dass Kolchis von diesen Kieseln und den Muscheln
an der Mündung des Phasis seinen Namen habe. Was
aber die Strömung betrifft, so ist es schon an sich nicht
wahrscheinlich, dass dieselbe erst bei Kolchis anfange.
Wir haben schon nachgewiesen, dass die Strömung noth-

wendig am Eingang des Bosporos entstehen und an der
ganzen Küste Klein-Asiens entlang gehen muss. Dass es
sich wirklich so verhält, beweist folgender Auszug aus
Taitbout de Marigny Pilot de la Mer Noir et de la
mer d'Assow. Constantinople 1850. S. 12. „Die Strömungen
im schwarzen Meer gehen vom Bosporos östlich bis
Kertsch immer stärker an der Küste rückwärts."
S. 111. „Der Khopi und der Phasis und alle andern Flüsse
werfen eine Menge Holz in's Meer, welches der Strom
nach Norden mit sich fortnimmt. Vor den Mündungen
der beiden Flüsse Ablagerung von Erde und Kieseln,
welche das Einlaufen von Schiffen unthunlich macht."

Dass wir heute in unsern Schulen von diesen Dingen
nicht viel oder gar nichts lernen, ist sehr begreiflich.
Gewiss ist aber, dass die Erklärer des Aeschylischen
Prometheus sich darum hätten kümmern müssen. Sich
darüber wundern, dass die Io von Themiskyra wieder
fast an demselben Ort erscheint, wo sie eben gewesen
genügt doch nicht als Beweis gegen die Kunde des
Aeschylos. Von jener Strömung an der Ostseite des
Schwarzen Meeres von Süden nach Norden konnte jeder
Schiffer und jeder Matrose, der jemals dort gewesen, aus
eigener Erfahrung vollständig unterrichtet sein, waren
doch bis zur Erfindung der Magnetnadel alle Schiffer
genöthigt sich am Lande zu halten und die παρακτία
κέλευθος zu befahren. Und während sie durch die viel-
fältigen Strömungen, die wir oben kennen gelernt haben,
gewisser Maassen ohne und wider ihren Willen genöthigt
waren, dieselben zu beachten, konnte es auch nicht fehlen,
dass sie über die Erscheinungen in der Atmosphäre früh
suchten Erfahrungen zu sammeln, zu benutzen und unter
einander sich mitzutheilen. Weder Kalender noch Uhren,
es sei denn der primitivsten Art, standen ihnen zu Gebote.

5*

Aber in der Wetterbeobachtung und in der Berechnung
der Zeiten nach den Erscheinungen am Sternenhimmel
waren die ältesten Schiffer, Ackersleute und, mit Rücksicht auf die im Jahreslauf wiederkehrenden kyklischen
Feste, die Priester und mit ihnen alle irgendwie Gebildeten,
namentlich die Poeten, viel erfahrner und besser einge-
weiht als heute dieselben Classen der Europäischen
Menschheit. Darum nicht voreilig einen Dichter der
Unkunde beschuldigt!

Wir wenden uns jetzt wieder zum Aeschylos, um mit
der nun gewonnenen Kenntniss den dem Gedicht zum
Grunde liegenden Sinn, den λόγον φυσικόν, zu ermitteln.
Im Vers 704 wird die Hera als Urheberin der Leiden der
Io genannt. Das stimmt nicht nur mit dem oben im
ersten Abschnitt der Irren Bemerkten, wonach die Wolken-
göttin sie unter die Verfolgung des Oistros stellte, sondern
auch mit der gegenwärtigen Lage, denn es ist dieselbe
Wolkengöttin, welche sie auf den Kaukasos geführt hat.
Prometheus, der ja alles wissen konnte, was einer
Nebelheroine begegnet, befiehlt ihr dann, sich gegen
Osten wendend „ungepflügte" Pfade zu wandern, d. h.
an der Nordost-Seite des Kaukasos längs den sicherlich
„ungepflügten" Furchen der Felsabhänge des Kaukasos
und längs den Gewässern des Kuban, an dessen rechtem
Ufer, der Wandlerin zur Linken, die Skytische Steppe
sich ausbreitet. ἡλίου πρὸς ἀντολὰς στείχ' ἀνηρότους γύας.
Es ist oben erwähnt, dass oft, während in der Steppe
klare Luft und helles Wetter herrscht, der Kaukasos in
dichte Nebel gehüllt ist. Die Prophezeiung des Prometheus entspricht also ganz der Wirklichkeit: die Io wird
im Nebel dem Fluss folgen ohne dem Skytischen Nomaden-
land sich zu nähern, sondern mit dem Fuss die vom
schwarzen und Asowschen Meere her rauschende Brandung

berührend das Land durchschreiten; auch solle sie sich
hüten vor den zur Linken wohnenden Chalybern."

Weil an der Südseite des Euxeinos östlich von Side
Chalyber wohnten, hat man geglaubt, die Wanderung der
Io hierher leiten zu müssen, und kam so zu manchen
unlössbaren Schwierigkeiten. Es ist indessen gar kein
Grund die vom Aeschylos genannten Chalyber nicht auch
nach dem Skythenland zu verlegen in die Gegend
westlich von dem Eintritt des Hybristes oder Terek in
die untere Ebene. Es ist nicht einmal nöthig sich deshalb auf eine Beobachtung Reineggs zu berufen, welcher
(1. S. 50) in der Gegend des Isti-Su, an vielen Orten
verfallene Stollen und Biegen fand, ein Beweis, „dass in
dieser Gegend ehedem Erz bearbeitet wurde." Dass die
σιδηροτέκτονες (χάλυβες 715) keineswegs die Chalyber an
der Südseite des Euxeinos sind, sondern im Skythenlande
wohnen, würde man längst gesehen haben, wenn man
beim Aeschylos selbst gefragt hätte. Im Prometheus 301
heisst Skythien (vergl. Vers 2) die σιδηρομήτωρ αἶα. In
den Sieben geg. Theben 799 theilen sich die Brüder die
Erbschaft, indem sie sich tödten σφυρηλάτῳ Σκύθη
σιδήρῳ. und 709 heisst es von demselben Schwert ξένος
δὲ κλήρους ἐπινωμᾷ Χάλυβος Σκυθῶν ἄποικος κτεάνων
χρηματοδαίτας πικρὸς ὠμόφρων σίδαρος. Beiläufig sei
bemerkt, dass der Attische Verkehr mit Skytischen
Schwertern doch auf eine nähere vor-äschylische Bekannt-
schaft mit jenen Gegenden hinweist, als man gewöhnlich
einräumt.

Indem die Io also diese Skytischen Chalyber zur
Linken lässt, kommt sie, wie jede Karte zeigt, an den
Terek oder „Hybristes," der von dem „höchsten
Berge" des Kaukasos herabstürmt. Wir haben oben nach
Koch das Verhältniss des steilen Falls dieses Flusses zu

seiner Länge angegeben, wie wir hoffen jeden Zweifel an
der Identität des Hybristes mit dem Terek beseitigt, und
die Unzulässigkeit der Vertauschung des Hybristes mit
dem Araxes erwiesen, auch begreiflich gemacht, dass die
Nebel längs des Tereks in der Richtung des Flusses bis
zur Höhe des Kaukasos und darüber hinaus sich bewegen.
Io soll also nach der Weisung des Prometheus gegen
Osten nicht über den Hybristes hinausgehen, sondern
längs demselben bis hinauf zum eigentlichen Kaukasos d. i. bis zu dessen höchsten Spitzen, dem heutigen
Kasbek, (früher Schneeberg) „von dem der Hybristes
herunterbraust", hinaufsteigen, wie Aeschylos sagt
„πρὸς αὐτὸν Καύκασον." Es ist auffallend, dass man
aus diesem Ausdruck gefolgert hat, Prometheus sei nicht
am Kaukasos, sondern an irgend einem andern Berg im
weiten Westen gefesselt, und sage der Io, sie werde längs
dem Hybristes an den Kaukasos kommen. Es ist wohl
klar, dass es in diesem Fall heissen müsste „πρὸς τὸν
Καύκασον oder πρὸς Καύκασον. Dagegen kann πρὸς
αὐτὸν Καύκασον nichts anderes bedeuten, als was wir
ausdrücken durch „zum eigentlichen Kaukasos", indem
der „höchste Berg des Gebirges" mit dem besonderen
Namen Kaukasos benannt wird. Hätte Aeschylos früher
das ganze Gebirge, an dessen nordwestlichem Ende Io
den Prometheus findet, mit dem Namen Kaukasos
benannt, hätte er an unserer Stelle sich anders ausdrücken müssen.

Die Nebelheroine überschreitet also in der Gegend
der Terekquellen das Gebirge nach Süden gehend. Hier
kommt sie zum Lager der Amazonen. Zur Erklärung
der Amazonen muss nun wieder die leidige Mondgöttin
herhalten, wobei der Beweis selbst von der Form des
Schildes entlehnt wird, obgleich dieselbe ganz anders

ist als die des Mondes, und sich nach dem Zweck des
Schildes leicht erklärt, der zugleich gegen den Feind
decken und doch die Beobachtung des Feindes gestatten
soll, und mit dem Mond noch weniger zu thun hat, als
die Ephesische Artemis. Es ist oben schon ausführlich
von dem bergigen und felsigen Gebiet der Armenischen
Schnee-Gebirge des Paryadres und Skydises gesprochen, aus denen der Thermodon und Lykos, dieser
verbunden mit dem Iris, nach dem Gebiet von Themiskyra hinabströmen. Hier waren nach der allgemeinen
Ansicht die ursprünglichen Sitze der Amazonen. Strabo
505: τὴν δὲ Θεμίσκυραν καὶ τὰ περὶ τὸν Θερμώδοντα
πεδία καὶ τὰ ὑπερκείμενα ὄρη ἅπαντες Ἀμαζόνων καλοῦσι.
Wir werden uns über die Amazonen kurz fassen,
nicht weil ihr vielbestrittenes Wesen dunkel und schwer
zu erklären ist, sondern im Gegentheil, weil die Erklärung
der ursprünglichen Bedeutung uns eben so sicher ist als
sehr einfach dargestellt werden kann. Diese reissigen
Jungfrauen sind Heroinen der Wellen (ἵππος) im steinigen
Flussbett zwischen felsigen Ufern (ἄνδρα). Ihr Lager
sind die grossen Schneefelder auf den genannten Bergen.
In den Flüssen steigen sie von dem Lager, wenn der
Schnee schmilzt, in die Ebene von Themiskyra hinab.
Weil das Wasser dieser Flüsse sich mit dem steinigen
Ufer und Bett nicht vermischt, darum heissen sie
jungfräulich, rein, und haben daher den Namen der un-
vermischten, der sich nicht vermischenden, von
μάσσω (wovon auch μάζα). Als Flussheroinen sind sie
im Dienst der Göttin der Entwässerung des Artemis,
besonders der Tauropolos, weil die Flüsse jener Gebirge oft die Gestalt der Flussstiere (ταῦρος cf. Daduchos)
annehmen. Sie erscheinen vorzugsweise in Gegenden,
wo sich solche steinige Ufer finden, daher oben an der

beschriebenen Gegend des Thermodon und Lykos
an den Thermopylen, wo die mineralischen Quellen
selber das steinige Bett bilden, in Athen zwischen den
kahlen Felsen des Musaions und Pryxberges etc.
Es versteht sich von selbst, dass sie auch in den felsigen
Sturzbächen erscheinen, die sich in den Phasis ergiessen,
und so anderswo. Vgl. oben Seite 10, 11.

Woher aber nun die auffallende Sage, dass sie aus
Themiskyra verschwunden seien (Strabo 505) und dass
sie einst von Themiskyra auf Schiffen ohne Segel und
Ruder, nur geführt κατὰ κῦμα καὶ ἄνεμον (Herod. 4. 110),
nach der Mäotis zu den „Κρημνοῖς" gekommen wären?
Verschwinden thun die Amazonen jedes Jahr aus Themiskyra und zwar grade auf die Weise die Herodot erzählt.
Anderswo und zu anderer Zeit werden sie von den Heroen
des hohen Sommers, Herakles, Theseus, Bellerophon besiegt. Aber sie kommen auch jedes Jahr von ihrem
Schneelager auf den genannten Bergen nach Themiskyra
hinab, wie Prometheus der Io prophezeiht: Wenn im
Frühjahr die Nebelheroine über den Kaukasos die südlichen Berge erreicht haben wird, dann werden die Amazonen nach Themiskyra kommen (κατοικιοῦσιν) und ihr
„sehr willig" den Weg zeigen, denn sie gehen mit ihr.
Mit der constanten Strömung, von der wir oben gesprochen, werden sie in dem abfliessenden Wasser des
Thermodon bis an die Mündung des Mäotis κατὰ κῦμα
geführt werden und mit ihnen die nun wieder schwimmende
Io-Kuh. So erklärt sich das Räthsel, dass die Io nahezu
an denselben Ort zurückkehren muss, wo sie kurz vorher den Prometheus verlassen hatte, nur dass sie nicht
als Nebelheroine sondern schwimmend in der Strömung
dahin gelangt. Der Mythos hat den Amazonen von hier
einen andern Weg und seltsame Schicksale zugewiesen.

Der Io aber gab Prometheus den guten Rath, sie solle an
dem engen Thor der Mäotis kühnen Muthes vorbeieilen,
denn die starke Strömung aus der Mäotis fasst natürlich
jene von Süden kommende Strömung und zwingt dieselbe
und mit ihr die Io ihren Weg unter dem hohen Tauros-
gebirge an der Südseite der Krimm fortzusetzen.

Ueber dieses lang gestreckte Gebirge fällt der Nordwind steil hinab als *καταιγίς* und reisst die Wellen des
Euxeinos mit sich fort, die von hier, mit der Strömung
des Borysthenes u. s. w. in der Richtung zum Abfluss
durch den Bosporos hingetrieben werden, zu dem schroffen
Fels des Einganges in den Bosporos am Salmydessos, an
dem die Wellen mit stürmischem Gischt hinan gepeitscht
werden, wo die Schiffe am Salmydessos stranden und an
dem Fels zerschellen, wenn sie nicht glücklich die schmale
Oeffnung des Bosporos erreichen. Gelingt es der Io,
dieser Gefahr zu entgehen, dann wird sie der Länge
nach durch den nach ihr zu benennenden Bosporos hindurchschwimmen.

Wer den von uns gegebenen Text mit der Vulgata
vergleicht, wird denselben durch ein Fragment bei Galen
wesentlich verlängert, aber auch die grosse Schwierigkeit,
welche der Salmydessos am Thermodon bot, verschwinden
finden. Beim Galen (Comm. ad Hippocr. de epidem. VI.
p. 151 ed. Bas.) findet sich in Anlass des Wortes *πέμφιξ*
folgendes: *Αἰσχύλος δὲ ἐν Προμηθεῖ δεσμώτῃ.*

*Εὐθεῖαν ἕρπε τήνδε και πρώτιστα μὲν
Βορεάδας ἥξεις πρὸς πνοάς, ἵν' εὐλαβοῦ
Βρόμον καταιγίζοντα, μὴ σ' ἀναρπάσῃ
Δυσχειμέρῳ πέμφιγι συστρέψασ' ἄνω
(Τραχεῖα πόντου Σαλμυδησία γνάθος).*

Es scheint nun ganz klar, dass diese Verse gleich
hinter *Μαιωτικὸν* folgen müssen, denn gleich hinter dem

Ausfluss der Maotis folgt der Taurische Gebirgszug, über
den die Kataigis des Boreas herunterstürmt und die
Schiffe in die Gefahr bringt, in den Salmydessos oder an
den westlichen Klippenzahn der Bosporosmündung hinan-
geschleudert zu werden, wie der Gischt *(πέμφιξ)* an diesen
Felsen hinaufgerafft wird. Es ist nicht die h e r a b stürzende
K a t a i g i s, welche h i n a u f r a f f t, sondern der von dem auf-
geregten Meer gepeitschte Fels, welcher die von den
Wellen umstrickte I o in die Höhe raffen würde. Doch
Prometheus hat sie ja gewarnt: *εὐλαβοῦ βρόμον καταιγί-*
ζοντα. Der Boreas treibt von der Taurischen Halbinsel
grade auf den Salmydessos und die jähen Felsen am Bosporos zu. I o wird die *Σαλμυδησσία γνάθος* glücklich vermeiden, und der B o s p o r o s, den sie durchschwimmt
wird nach ihrer *πορεία* genannt werden. *Πόρος* ist
immer einer an beiden Seiten begrenzter D u r c h g a n g,
wobei es ganz unausgesprochen bleibt, in welcher Richtung dieses „d u r c h", ob längs oder quer, begrenzt ist.
Die Io ging d e r L ä n g e n a c h durch den Bosporos
γαῖαν, διατέμνουσα πόρον κυματίαν, ὁρίζει (Suppl. 545).
  Dass diese Aenderung und Ergänzung des gewöhnlichen Textes durch das Fragment bei Galen durchaus
nöthig ist, ergiebt sich durch die allen Schriftstellern
widersprechende Erwähnung des Salmydessos am Thermodon, durch die schlechte Anknüpfung des *αὗται σ'*
ὁδηγήσουσι nach Erwähnung der *Σαλμυδησσία γνάθος*.
Auch hat es keinen Sinn, dass Prometheus der Io sagt,
sie soll kühnen Muths dem Canal der Mäotis v o r ü b e r
e i l e n, und doch soll derselbe nach ihrem D u r c h g a n g genannt werden. Dann auch ist zu bedenken, dass falls
Prometheus den Kimmerischen Bosporos genannt hätte,
von dem Thrakischen Bosporos, den ganz Griechenland
kannte, gar nicht die Rede wäre. — Es ist übrigens nicht

schwer zu errathen, wie es gekommen, dass jenes Ver-
derbniss entstanden. Der Abschreiber des Prototyps
unserer Handschriften war durch die Erwähnung der
Kimmerischen Thore der Mäotis überzeugt, dass von dem
dortigen „Bosporos" die Rede sein müsse, und wusste
nun nichts mit den vier Versen anzufangen, die so un-
passend zwischen der Erwähnung des Kimmerischen Canals
und der Verkündigung des an diesen Canal durch den
Namen Bosporos geknüpften Ruhms der Io hineingeschoben
erschienen. Indem der Abschreiber also die Verse weg-
liess, war er genöthigt die beiden Verse τραχεῖα π. . und
ἐχϑρόξενος ν. . zu dem ἵνα am Ende des Verses 725 hinauf-
zunehmen, da er sie doch nicht auch auslassen konnte.
Jene zwei Verse vom Salmydessos in der Vulgata stehen
überdies jetzt ganz ohne Verbindung des Gedankens. Bei
allem Uebrigen warnt Prometheus, hier sagt er nichts
der Art, vielmehr fügt er unmittelbar hinzu, die Amazonen
würden die Io sehr willig weiter führen, da doch in der
Erwähnung des Salmydessos eine grosse Gefahr gedroht
scheint. Auffallend allerdings ist es, dass diese so noth-
wendigen Verse, die in keinem Codex des Prometheus
überliefert sind, allein und als Fragment getrennt
aus dem Zusammenhang beim Galen sich finden. Uebrigens
ist συστρέψας ἄγrω der Ausgaben statt συσιρέψασ' ἄrω
nur Conjectur Bentleys. Dass συσιρεψασ' apostrophirt
werden muss, ist schon oben angedeutet.

Den Salmydessos kennen wir nach den Angaben
der Alten sehr genau. Derselbe war merkwürdig durch
einen langen Aigialos an einer grossen Bucht, in welche
sich der Aigialos als eine flache Untiefe weit hinaus aus-
dehnte. Den Aigialos bezeugt Strabo (p. 319.) ὁ Σαλμυ-
δησσός ἔρημος αἰγιαλὸς καὶ λιϑώδης, ἀλίμενος, ἀναπεπ-
ταμένος πολὺς πρὸς τοὺς βορέας σταδίων ὅσον ἑπτα-

κοσίων μέχρι Κυανέων τὸ μῆκος &. Des *κόλπος* gedenkt Stephan. Byz. *Σαλμυδήσσιος* und von dem *τέναγος*
und dessen weiter Ausdehnung ins Meer hinaus spricht
Xenophon (Anab. 7, 5, 12) *τέναγος γάρ ἐστιν ἐπὶ
πάμπολυ τῆς θαλάσσης.* Um jedoch die Vorstellung von
dem Salmydessos mit der Gefahr, die Prometheus hervor-
hebt, zu vervollständigen, muss man zu der Eigenthümlichkeit, dass er gegen den Boreas ganz offen liegt, auch
noch die *τραχεῖα γνάθος* hinzunehmen, d. i. den hohen
Felsen mit dem der Salmydessoss gegen Osten unmittelbar am Eingang in den Bosporos endet. Denn während
das Tenagos eigentlich der Io nicht gefährlich sein
würde, ist es um so mehr jener Fels, an dem die Wellen
durch den Boreas hinan und hinauf gepeitscht werden,
wodurch die *δυσχείμερος πέμφιξ* entsteht.

*Wir fragen hier wieder, ob diese oft genug sich
wiederholende Erscheinung besser geschildert werden
kann, als in den Worten des Aeschylos geschieht: Die
Strömung längs dem Kaukasos-Ufer des Euxeinos ist
durch die Seitenströmung aus der Maotis, die Io kühn
überwunden hat, zu einer gewissen Ruhe gebracht, wenigstens sehr gemässigt. Io soll also nun unter dem Taurus-
gebirge graden Weges weiter gehen:

*εὐθεῖαν ἕρπε τήνδε καὶ πρώτιστα μὲν
Βορεάδας ἥξεις πρὸς πνοάς, ἵν' εὐλαβοῦ
βρόμον καταιγίζοντα, μὴ σ' ἀναρπάσῃ
δυσχειμέρῳ πέμφιγι συστρέψασ' ἄνω
τραχεῖα πόντου Σαλμυδησσία γνάθος
ἐχθρόξενος ναύταισι μητρυιὰ νεῶν.*

Ueber die *καταιγίς* des Boreas, welche über die
Taurischen Berge herabstürzt, haben uns zur Zeit des
Krimmkrieges verschiedentlich die Zeitungen belehrt.

Auch aus dem Alterthum haben wir das Zeuguiss des
Strabo 7, 4. S. 309. ἡ Ταυρικὴ παραλία, χιλίων που σταδίων τὸ μῆκος, τραχεῖα καὶ ὀρεινὴ καὶ καταίξουσα
τοῖς Βορέαις ἵδρυται. Dass der βρόμος καταιγίζων nicht
zugleich σνστρέψας ἄνω sein, sondern, dass statt des
Letzteren gelesen werden muss mit einfacher Hinzufügung
eines Apostrophs σνστρέψασ' ἄνω bezogen auf die σαλ-
μνδησσία γνάθος ist einleuchtend.

Nach Erwähnung des gefährlichen Salmydessos und
der Ermahnung, dass sie sich vor demselben in Acht
nehmen solle, verkündet Prometheus der I o, die Meerenge zwischen dem Festland werde künftig ihr zum Ruhm
B o s p o r o s genannt werden — etwa weil sie q u e r hinüber
geschwommen? Das sagt weder Aeschylos noch Apollodor.
Wie schon oben bemerkt ist: I o g i n g i n u n d m i t d e r
S t r ö m u n g d e r L ä n g e n a c h d u r c h d e n B o s p o r o s.
In der ersten Stelle des Prometheus ist des Durchgangs
nur mit dem Wort τῆς σῆς πορείας gedacht. In der
zweiten heisst es ὅταν περάσῃς ῥεῖθρον ἠπείρων ὅρον —
wodurch wiederum eben so wenig üher die Richtung des
Durchgangs etwas gesagt ist, als oben durch die παραχτία κέλευθος etwas über die doppelte Bedeutung von
παραχτία entschieden wird. Etwas wortreicher aber
immer denselben Sinn gewährend heisst es in den Schutzflehenden v. 543. Ἰὼ — πολλὰ βροτῶν διαμειβομένα φῦλα,
διχῆ δ' ἀντίπορον γαῖαν ἐν αἴσῳ διατέμνουσα πόρον κύμα-
τίαν ὁρίζει. Wie man es nehme, es kann nichts anderes
heissen, als dass sie durch ihren Durchgang durch das
Land oder durch den Canal die Grenze bildet zwischen
den sich gegenüberliegenden Ländern Europa und Asien.
Das Wort διχῆ passt auch zu διατέμνω wie bei Plato Sympos.
109. d. διατεμνῶ δίχα ἕκαστον. Die Conjectur Hartungs
διατείνουσα ist nur entstanden, weil er missverstehend

„den Ausdruck darüber gehend bedurfte." Aeschylos
hatte ihn nicht bedurft.

Der Chor der Schutzflehenden, nachdem er
die frühere Wanderung der Io in den Worten πολλὰ
βροτῶν διαμειβομένα φῦλα zusammengefasst und sie
durch die wellige Fluth der Meerenge zwischen den beiden
Welttheilen hindurchgeführt hat, immer sich als von
einem dauernden Zustande des Präsens be-
dienend, berichtet von der weiteren Wanderung: „sie
stürmt durch Asiens Fluren, durch das triftenreiche
Phrygien, durchschreitet Mysiens Teuthrantische Niederung
und Lydiens Thäler, dahineilend über Pamphyliens und
Kilikiens Berge und durch stets fliessende Ströme und
über fruchtüppiges Land zu den kornreichen Gefilden der
Aphrodite."

510   λειμῶνα βούχιλον, ἔνθεν Ἰὼ
       οἴστρῳ ἐρεσσομένα
       φεύγει ἁμαρτίνοος,
       πολλὰ βροτῶν διαμειβομένα
511   φῦλα, διχῇ δ' ἀντίπορον   ·
       γαῖαν ἐν αἴσᾳ διατέμνουσα πόρον κυματίαν ὁρίζει
547   ἰάπτει δ' Ἀσίδος δι' αἴας
       μηλοβότου Φρυγίας διαμπάξ
       περᾷ δὲ Τεύθραντος ἄστυ Μυσῶν.
550   Λύδιά τε γύαλα,
       καὶ δι' ὀρῶν Κιλίκων
       Παμφύλων τε διορνυμένα
       γᾶς ποταμοὺς ἀενάους
       καὶ βαθίπλουτον χθόνα καὶ τὰν Ἀφροδί-
555   τας πολύπυρον αἶαν.
       ἱκνεῖται δ' εἰσικνουμένου βέλει
       βουκόλου πτερόεντος
       Δῖον πάμβοτον ἄλσος,

λειμῶνα χιονόβοσκον. ὅτι' ἐπέρχεται Τυφῶ μένος. 560
ὕδωρ τὸ Νείλου νόσοις ἄθικτον,
μαινομένα πόνοις ἀτίμοις ὀδύναις τε κεντροδαλήτισι
θυιὰς "Ηρας.
βροτοὶ δ', οἳ γᾶς τότ' ἦσαν ἔννομοι, 565
χλωρῷ δείματι θυμόν
πάλλοντ' ὄψιν ἀήθη.
βοτὸν ἐσορῶντες δυσχερὲς μιξόμβροτον. τὰν μὲν βοός.
τὰν δ' αὖ γυναικός· τέρας δ' ἐθάμβουν. 570

Es kann also gar nicht zweifelhaft sein, was Aeschylos
meint, wenn er im Prometheus V. 792 f. die Io gegen
Sonnen-Aufgang wandern lässt. Es ist nicht die Sonne
jenseits des Taurischen Bosporos, sondern die Sonne
Klein-Asiens, wohin Io sich wendet, nachdem sie den
Thrakischen Bosporos und das südlich davon brausende
Meer (πόντου περῶσα φλοῖσβον) durchschwommen hat.
Wenn man in dem diesen voraufgehenden V. 793 liest
πρὸς ἀντολὰς φλογῶπας ἡλίου στιβείς, wie bereits Siebelis
aus ἡλιοστιβεῖς verbesserte oder vielleicht wegen στεῖχ'
(710) ἔρπε (Frm. Galen.) ἔρφ' (812) besser στιβεῖ, wie
Hartung vorschlägt, dann fehlt grammatisch nichts; und
rücksichtlich des Inhalts fand der Dichter es eben hier
nicht nöthig ausführlicher zu sein. Wollte man überall
eine Lücke annehmen, wo eine Schilderung auch hätte
weiter ausgeführt werden können, wäre für solche Ver-
muthungen kein Ende. Es genügt dem Aeschylos hier
zu sagen, die Io solle oder werde vom Meer immer gen
Osten wandern bis sie zu den Niederungen der Gorgonen
komme. Wo diese sind werden wir gleich sehen, jedenfalls im Osten.

Warum muss denn nun die Io, statt direct nach
Aegypten zu schwimmen, erst vom Meer aus nach Osten
wandern? Es ist dem Leser schon aus dem oben mit-

getheilten Brief des Herrn von Littrow bekannt, dass sich der eine Arm der Strömung aus dem Bosporos und dem Hellespont an der asiatischen Küste längs dem ägäischen pamphylischen und kilikischen Meer herumzieht und an der ganzen Küste Syriens bis Alexandria fühlbar bleibt. Im Frühling — und um diese Zeit handelt es sich jetzt in den den Jahreskyklos darstellenden Wanderungen der Io — wird die Verdampfung des Meeres immer stärker, und werden die aufsteigenden Dämpfe durch regelmässige Westwinde immer gen Osten getragen. Es ist noch immer die Zeit der Etesien, welche vom Meer herwehen, wie Aristoteles (Problem. 20, 5) bemerkt vom Frühlingssolstig bis zum Aufgang des Sirius. Olivier schreibt: „Ohne den mediterranen Westwind, der selbst in den heissesten Monaten des Jahres zu wehen nicht aufhört, würde der sonst ausgetrocknete mesopotamische Boden gar nicht zu bewohnen sein. Dieser Wind bringt vom Frühling bis zum Herbst reichlichen Regen und kühle Sommernächte bei grösster Tageshitze." (Vgl. Ritters Erdkunde. Thl. 11. S. 217). Es sind diese Etesien, welche die Io auf ihrem „in den Schutzflehenden" beschriebenem Wege vom Bosporos über Klein-Asien nach Mesopotamien, dem Lande der stets fliessenden Ströme, und über fruchtüppiges Land zu dem kornreichen Land der Aphrodite begleiteten. Von irgend welchen Leiden, welche sie auf diesem Wege zu ertragen gehabt, schweigen die Schutzflehenden, wir werden später sehen, warum? Da dieselben aber die Landschaften Klein-Asiens mit Namen aufzählen, dagegen weder die Namen der „immerfliessenden Ströme" noch das reiche Land der Aphrodite angeben, so wird es zweckmässig sein an einige Stellen bei Herodot und Strabo zu erinnern, aus denen in Verbindung mit dem Prometheus, der die Io zu den Ebenen

der Gorgonen führt, erhellt, dass die Schilderung in den
Schutzflehenden genau mit den Gegenden Babylonicns
zw. Euphrat und Tigris stimmt. Dass nämlich diese Flüsse
durch die *ποταμούς ἀἐνάους* bezeichnet werden ergiebt
sich aus dem gleich folgenden Verse *καὶ βαϑύπλοιτον
χϑόνα καὶ τὰν Ἀφροδίτας πολύπυρον αἶαν.* Herodot
I, 193 spricht von den Quercanälen, welche in Mesopotamien vom Euphrat zum Tigris gezogen waren zur Befruchtung des Landes und fügt dann hinzu: *ἔστι δὲ χωρέων
αὕτη ἀπασέων μακρῷ ἀρίστη τῶν ἡμεῖς ἴδμεν Δήμητρος
καρπὸν ἐκφέρειν — — ὥστε ἐπὶ διηκόσια μὲν τὸ παράπαν
ἀποδιδοῖ, ἐπεὰν ἄριστα αὐτὴ ἑωυτῆς ἐνείκῃ, ἐπὶ τριηκόσια
ἐκφέρει.* Daselbst Cap. 131 berichtet er, die Perser hätten
durch die Assyrier die „Aphrodite", welche diese My-
litta nennen, kennen gelernt und dasselbe wiederholt er
Cap. 199. Vgl. Strabo p. 732. p. 748.

Ueber die grosse Fruchtbarkeit Mesopotamiens geben
auch neuere Reisende einstimmig Zeugniss. Nach dem
von Ritter benutzten Manuscript Chesneys steigen die
Gewässer der beiben Flüsse bis zur grössten Höhe
Ende Mai. Zwischen August und Anfang November stehen
die Wasser am niedrigsten, dagegen in Aegypten am höchsten.

Die „Schutzflehenden" führen die Io gleich von dem
fruchtreichen Lande der Aphrodite nach Aethiopien zu
den Qellen des Nils. Im Prometheus gelangt sie eben
dorthin. Aber, indem Prometheus ihr den Weg verkündet,
übergeht er alle Zwischenstationen vom Bosporos bis
zu den Gorgonen, zu denen die Io, unmittelbar vor der letzten
Wegesstrecke nach Aethiopien, am untern Ende der Me-
sopotamischen Ebene kam. Hier lebten die Phorkiden
oder die alten Gräen und deren Schwestern die Gorgonen. Hier soll sie sich auch vor den scharfschnabeligen
Greifen und einäugigen Arimaspen hüten.

6

Ueber die Gegend des unteren Mesopotamiens am
Persischen Meerbusen sind wir durch die Engländer Ainsworth und Chesney in neuerer Zeit besser unterrichtet;
doch auch schon aus dem Alterthum erhalten wir einige
Nachrichten, die über die Bedeutung jener mythischen
Wesen unter Berücksichtigung der mythischen Wortbedeutung keinen Zweifel lassen. Auch wer nicht aus
dem Binnenlande von der Studirstube dergleichen Verhältnisse beurtheilt, sondern Gelegenheit gehabt hat, die
Naturerscheinungen und Veränderungen an den Mündungen grosser Ströme in ein von Ebbe und Flut bewegtes
Meer durch Anschauung kennen zu lernen, wird sich
unschwer von dem muthmasslichen Zustande jenes Landes
am Ausfluss des mit dem Euphrat vereinigten Tigris, des
Choaspes, Eulaios und Hedyphon eine Vorstellung machen.
Sieht man doch schon in Griechenland, wie selbst kleine
Flüsse ein Helos oder eine Argos-Ebene bilden, wie dann
die grösseren an der Seite ihrer Mündung selten ohne
jene Lagunen (λιμνοθάλασσαι) sind, die man z. B. am
Acheloos, Alpheios und Simoeis kennt. Bei noch aus-
gedehnteren Stromgebieten wird das ganze Gebiet der
oft uferlosen Mündungen in Sumpf verwandelt, während
innerhalb der eigentlichen Grenze zwischen Land und
Meer das Sumpfgebiet sich neben dem Strom mit gelbem
und grauem Schlamm anfüllt, und diese Farbe weit in
die See hinaus dem Meerwasser mittheilt. Zugleich decken
oft dichte Nebel die stagnirende Wasserfläche, bis ein sich
erhebender Wind sie plötzlich wegfegt oder niederschlägt.
Wir brauchen uns indessen rücksichtlich des frag-
lichen Gebiets des Schat-el-Arab nicht auf allgemeine Verhältnisse zu beschränken, da bestimmte Zeugnisse vor-
liegen. Nearch fuhr von Osten kommend in den Persischen Meerbusen und dann längs der Persischen Küste

bis an die Mündung des Euphrat: man bezeichnete durch
Pfähle den Anfang der Untiefen; an jeder Seite des schiff-
baren Wassers war tiefer Sumpf, so dass keine Möglich-
keit war, sich hindurch zu arbeiten, die Stangen versanken
in den Schlamm, ohne etwas zu nützen; 'den Menschen
war es aber unmöglich zur Fortbewegung der Schiffe in
das Fahrwasser zurück, auszusteigen, sie versanken bis
an die Brust. Mit Mühe legten sie 600 Stadien zurück.
Nach zurückgelegten 900 Stadien erreichten sie die
Mündung des Euphrat. Von hier fuhren sie zurück immer
den Sumpf zur Linken bis an die Mündung des Pasitigris.
Nearch scheint also den westlichen der beiden Arme des
Schat-el-Arab für die Mündung des Euphrat zu nehmen.
Mit diesem laufen die Mündungen des Choaspes (Kuran
oder Karuhn) und dessen Nebenflüsse in einer Sumpf-
gegend zusammen. Kinneier fuhr mit dem Kapitain
Montheit in einem kleinen Boot von Dorak bis in den
Karuhn (in grader Richtung etwa 20 Engl. Meilen) in
17 Stunden. Fast die ganze Strecke ging soweit das
Auge reichte durch Moräste, die mit Schilfwal-
dungen bedeckt waren. Ebenso war es auf einem
andern Arm bis gegen die Mündung bei Kaban. Eine
ähnliche Beschreibung giebt Ainsworth. Er zählte 6—7
Arme, die sich fast alle in jene Sümpfe, „Hor Dorak"
genannt, verlieren, deren Wasser sich theilweise wieder
zusammenfindet und unter dem Namen Lusbach in den
Golf abfliesst. Von demselben Gebiet spricht Ritter,
Erdkunde Bd. 11, S. 1029: „Jenes ostwärts vom Bohamschir, dem östlichen Arm des Schat-el-Arab sich aus-
ausbreitende Dorgestan, dessen nördlicher Theil bis zum
Karuhn und Djarrahi auch Kaban genannt wird, eine
fast einförmige todte Pläne, wüst, braun gebrannt, ohne
Grashalm, ohne Gewächs, ist die eine Hälfte des Jahrs

6*

unter Wasser gesetzt. Nur sparsam sind einige Strecken
mit Salzpflanzen bewachsen. Wo die Ueberschwemmung
9 Monate im Jahr dauert, da treten wieder Cypraceen
und Binsen hervor. Wo aber Ueberschwemmung das
ganze Jahr vorherrscht oder anhält, oder wo Flüsse und
Canäle sich gänzlich in dauernde Marschen verlieren, da
bleibt nur noch Schilfwaldung übrig mit Binsen und
Riedgräsern u. s. w. Da, wo an den Mündungen des
Bohamschir grosse Salzflächen die Erde wie Schneefelder
bedecken und Thonschichten wechseln, da treten vor-
herrschend Salzpflanzen auf, indess reine Thonstrecken,
die bei der Dürre in polyedrische Spaltenstücke auf-
brechen, weniger Vegetation hergeben." Vgl. Ainsworth
researches etc. p. 120. — Hellenika S. 273.

Von Korna, dem Zusammenfluss der beiden Flüsse
bis Bassra ist der majestätische Strom überall von Dattel-
hainen mit schattigen Dörfern begleitet. Aber auch unter-
halb Bassra ist der Schat-el-Arab an seinem linken Ufer
durch einen schönen Saum von Dattelwäldern dicht am
Ufer hin characterisirt (ὑλώδης) begleitet von einer Zone
von Ried- und Schilfwald mit dahinterliegendem spar-
samem Weideland aber ohne Ackerland. Weiter nach
Süd-Osten folgt dann das eben beschriebene Sumpf-
und Marsch'land. Der Schat-el-Arab schwemmt nicht
selten seine eigenen Alluvialbildungen, welche ihr Material
vorzugsweise von oben her durch den in weichem Thon-
boden herabströmenden Euphrat und den untern Lauf
des Tigris erhalten, weiter hinab zum Meer. Auch das
Meer hat seinen Antheil an den Alluvialbildungen. Im
Persergolf streicht die Strömung immer von
Ost nach West und giebt den Schlammmassen an
den Strömungen ihre Richtung erst gegen Westen, dann
an der Westseite des Golfs nach Süden, wo der Boden

sich stets erhöht. An der Nordostseite des Golfs beträgt
die Tiefe grösstentheils 80 Meter, an der West- und Süd-
westseite von 32 Metern bis zur völlig unfahrbaren Tiefe.

Eine grosse Plage des unteren Mesopotamiens sind
die heissen Winde. Strabo (S. 731) bemerkt: sowol
die Hauptstadt als das Land der Susiana (am persischen
Meerbusen) leidet in hohem Grade an Hitze: ἔκπυρον τὸν
ἀέρα ἔχει καὶ καυματηρόν. „Die Ebene sagt Forbiger
(Bd. 2. S. 580) hat an der Küste eine drückende und
viel auffallendere Hitze, als die übrige Küste des Persischen Meerbusens, da sie bloss den heissen Süd- und
Westwinden zugänglich ist, die das Land im Norden und
Osten umgebende hohen Gebirge aber jede kühlende Luft
abhalten." Während seines Aufenthalts in Bassra hatte
Niebuhr im August nur 5—6 Tage Südostwind. Die
Hitze bei Südost, oder gar bei Windstille war am
empfindlichsten; zuweilen trifft sie wohl so stark, dass
ein Mensch davon auf der Strasse umfällt;
durch die Sümpfe wird die Luft auch unrein und sehr
ungesund, da doch die täglich doppelt wiederkehrende
Ebbe und Fluth zur Reinhaltung der Stadt und Canäle
und zur Gesundheit der Luft viel beitragen könnte." Natürlich kann es in diesem Sumpf- und Marschlande bei der
heissen Temperatur auch an dauerndem Nebel nicht fehlen.

Mit Ende März fängt, nach Chesney, die grosse
Anschwellung des Euphrat an, der Fluss wächst con-
tinuirlich, füllt sich mit schlammreichen Wassern. Gegen
Ende des April wird die Anschwellung weit gewaltiger und
andauernd bis zur letzten Woche des Mai. Dann ist
die grösste Wasserhöhe erreicht. Auch im Tigris
ist (nach Ritter Bd. 11. S. 219) im Mai die Anschwellung
dauernd. Im Juni fangen die Orkane an, vom Süden
kommend. Sie dauern den ganzen Sommer. Niebuhr

erlebte sie noch im August in Bassra.   Sie sind merkwürdig limitirt.   Der Tag vor ihrer Ankunft ist still und
schwül, dann erhebt sich eine dunkle Wolkenschicht
gegen Süden, deren untere Grenze so scharf wie eine
Wasserfläche sich abzeichnet.   Der Sturm fegt dann, am
stärksten an der Basis, weit vorauf vor dem höheren
Wolkenberg, den Ocean von Sand und Staub durch
die Lüfte.   Im Uebrigen sind die Phänomene dem Gewitter
gleich, welches so plötzlich in blauer Luft das Dampfboot
Tigris auf dem Euphratfluss erreichte und mit aller Mann-
schaft ersäufte.   Während diese Orkane wehen ist der
übrige Himmel wolkenfrei und selten fällt dabei Regen;
die Dunkelheit ist aber furchtbar.

Wenn der Leser sich mit theils oben in der Ein-
leitung, theils früher dargelegten mythischen Begriffen
einzelner Wörter bekannt gemacht, wird es ihm nun nicht
schwer werden in den Beschaffenheiten des Sumpfgebiets
der beiden stetsfliessenden Ströme die Motive zu jenen
Fabeln zu erkennen, welche der Schilderung des Aeschylos
zum Grunde liegen.   Was Aeschylos bei den Worten
πρὸς ἀντολὰς φλογῶπας ἡλίου στιβεῖ gedacht, ist jetzt
wohl aus den vielen Zeugnissen über die unerträgliche
Hitze in dem Gebiet der ποταμοὶ ἀέναοι des Euphrat-
und Tigris-Landes klar.   Hier soll die Io wandern bis sie
zu den Gorgoneischen Ebenen kommt, wo die drei lang-
lebigen Greisinnen hausen:

αἱ Φορκίδες — δηναιαὶ κόραι
τρεῖς κυκνόμορφοι κοινὸν ὄμμ' ἐκτημέναι
μονόδοντες, ἃς οὐδ' ἥλιος προσδέρκεται
ἀκτῖσιν οὔθ' ἡ νύκτερος μήνη ποτέ.

Phorkys war ein Meerdämon δαίμων θαλάσσιος.
ein Sohn des Pontos und der Ge, genannt von seiner
grauen Farbe.   Er ist der Dämon desjenigen Theils des

Meers, welches an einer Flussmündung durch die aus-
geschwemmte Erde grau und schmutzig wird, ein altes
Ansehen bekommt, daher bei Hesych. *φορκὸν· λευκὸν,
πολιὸν, ῥυσόν* und daher in einem Vers des Phanokles
über die Leier des Orpheus: *ἡ καὶ ἀναύδους πέτρας καὶ
Φόρκου συγνὸν ἔπειθεν .ί'δωρ.* Nach dem Phanokles
hatte Orpheus selbst das trübe (und träge) Wasser des
alten Meergreises Phorkys in Bewegung gesetzt. Seine
Schwester und Gemalin war die Keto, die Dämonin der
Lagunen, des stehenden Binnenwassers an den Strom-
mündungen, der *κ η τ ε ῖ α ι,* wo die *κ η τ ή μ α τ α* gefangen
wurden. Eine solche Lagune ist auch jenes Ketos, dem
die Andromeda und die Hesione ausgesetzt waren.
Mit dieser Gemalin hatte Phorkys die Gräen erzeugt,
die Dämoninnen aller jener stehenden Schlammüber-
schwemmungen, die sich von dem Meer und den Lagunen so weit landeinwärts ziehen, und bei der starken
Dämpfentwickelung des heissen Klima's oft lange in
einem überall hin ausgedehnten Nebel hüllen. Wer sich
nun des oben entwickelten Begriffs des *ὄμμα* oder *ὀφθαλμός,* und des Argos Panoptes mit den vielen Augen
erinnert, der wird auch wohl einverstanden sein, dass die
greisen Graiai Ein gemeinschaftliches Auge aus dem
Grunde haben, weil sie überall *ὄπται* sind, *κοινὸν ὄμμ'
ἐκτημέναι.* Es ist zugleich der Nebel die Ursache, dass
jene Gewässer dann und wann weder von der Sonne noch
vom Mond beschienen werden. Sie sind auch *μο ν ό δ ο ν-
τ ε ς* (vom *ὀδ . . ὄζω*), weil die Luft über dem Schlamm
unrein, übelriechend wird. Wenn sie auch *κ υ κ ν ό μ ο ρ φ ο ι*
genannt werden, so ist wohl auch hier ein anderes Ety-
mon zum Grunde liegend, als die einfache Uebersetzung
giebt. Wir denken es liegt die Wurzel von *κυκάω*
mischen, zusammenrühren zum Grunde, und die

Phorkiden verdanken der Mischung von Wasser und
Erde das Beiwort κυκνόμορφοι. Von derselben Mischung
hat auch der mythische Heros Kyknos seinen Namen.

Die den Gräen nahe wohnenden Schwestern derselben, die Gorgonen, die geflügelten κατάπτεροι, die
sich also durch die Luft bewegen, sind die Dämone des
beweglichen Nebels, gleichfalls Töchter des Phorkys und
der Ge, also auch entstanden aus dem Wasser, daher
δρακοντόμαλλοι, mit Flussschlangen im Haar, (Schlan-
gen und Drachen sind immer Symbole der sich schlän-
gelnden Flüsse, vgl. Hellenika. Apollons Ankunft in Delphi
& &). Im Prometheus ist auf die Verfolgung und Ent-
hauptung der Medusa durch Perseus, den Dämon der
heissen Winde, welche wie oben bemerkt zugleich durch
Hitze und durch Staub- und Sand-aufwirbelnden Sturm
selbst das Leben gefährden, noch keine Rücksicht genommen Hier wird diese Wirkung der beflügelten Gorgonen durch den Vers ausgedrückt:

ᾶς ϑνητὸς οὐδεὶς εἰσιδὼν ἕξει πνοάς.

Uebrigens wurde in der anderen vielleicht späteren
Sage (zur Zeit des Prometheus war Perseus noch nicht
geboren) von jenem Staub- und Sandaufwirbeln, welches
die fürchterliche Finsterniss verursachte, Perseus κεκονισ-
μένος genannt, Arat Phaen. 254; und Hygin Poet. Astron.
3, 11 hatte kein Recht den Arat deshalb zu tadeln. Die
Μέδουσα hat ihren Namen von der oft besprochenen Bedeutung μάω, μέδομαι. — Es scheint übrigens nach allem
diesem die verderbliche Wirkung der heissen Luft durch
die ὀξυστόμους Ζηνὸς κύνας bezeichnet zu werden, die
Prometheus mit Rücksicht auf die unheimliche Stille,
welche dem heissen Wind voraufgeht, ἀκραγεῖς Schol.
ἀφώνους nennt. Diese heissen Winde bewachen die
fruchtbringende, Reichthum gebende Nässe (χρυσόν. vgl.

Hellen. S. 134). Die Gryphen hatten den Leib eines Löwen, Flügel und Schnabel des Adlers. Da nun der Löwe Symbol der überschwemmten Ebene (λεία, λείων, Hellen S. 208 ff.), die Flügel Symbol der Bewegung durch die Luft und der Adler, αἐτός, Symbol des Windes ist, (Hellenica S. 204. Apolls Ank. S. 25), so ergiebt sich von selbst, dass diese bei Aeschylos dem Zeus, dem Gott der Wärme, bei Anderen dem Apollon, dem Gott der durch Verdampfung bewirkten Entwässerung geweihten Thiere Symbole der aus der Ueberschwemmung aufsteigenden Dünste sind, und deshalb das Gold an dem Strom des Pluton d. i. des Wassers (vgl. Hellenika S. 134 u. a.) als φύλακες bewachen gegen die einäugigen reissigen Arimaspen (Ἱπποβάμων στρατός), welche in Wellen sich bewegend an dem Strom des Pluton leben und den Gryphen das Gold entziehen, stehlen. Die Gryphen und Arimaspen finden sich an langsam bewegten Wassern, an jenen Sümpfen unter den Ripäen, aus denen der Borysthenes hervorfliesst, und in Indien, wo die Gryphen den Wagen des Helios ziehen (Philostrat. Apollon. von Thyana 3, 48, wo die ganze Erzählung nichts enthält, als die Beschreibung jener Dünste in mythischer Sprache). Während die Gryphen, jene heissen Winde, auch in der Wüste auftreten, finden sich die Arimaspen ἀμφὶ χρυσόῤῥυτον νᾶμα, Πλούτωνος πόρον, weil der Pluton der Unterwelt zugleich der Gott des Reichthums ist, der aus der die Erde unter der Oberfläche befruchtenden Nässe aufsteigt: Paus. 1, 24, 6 τοὺς γρῦπας — μάχεσθαι περὶ τοῦ χρυσοῦ Ἀριμασφοῖς· τὸν δὲ χρυσὸν, ὃν φυλάσσουσιν οἱ γρῦπες, ἀνιέναι τὴν γῆν. Von diesen sagt Prometheus, müsse Io sich fern halten — damit sie nicht selbst in die Unterwelt hinabsteige. Offenbar ist die Sage von den Arimaspen und Gryphen verwandt mit dem bösen Schlangendrachen Ariman, dessen

Deevs die Gryphen sind, welche in den Einöden herum-
schweifen und die Wandernden durch heisse Winde tödten.
Vgl. Creuzer Symbolit und Mythologie Bd. 1. S. 223
(3. Auflage).

Grosse Einsamkeit, wie in den Libyschen und Asiatischen Wüsten, und besonders mit Nebel bedeckte Sumpf-
gegend sind überall die Oertlichkeiten, wo Gespenster
und Spukgeschichten zu Hause sind. Es ist daher kein
Wunder, dass die Gräen und Gorgonen an unzähligen
Orten gefabelt wurden, jedoch immer an solchen, welche
den beschriebenen ähnlich sind, also namentlich an dem
Einfluss grosser Ströme in's Meer. Dass nicht nur Aeschylos, sondern auch Andere sie an der Mündung des Euphrat
kannten, erfahren wir durch den Scholiasten zu Pindar
Pythien 10, 72. αἱ Γόργονες κατὰ μέν τινας ἐν τοῖς Ἐρυ-
θραίοις μέρεσιν καὶ τοῖς Αἰθιωπικοῖς. Dass zu den Ἐρυ-
θραίοις μέρεσιν auch der Persiche Meerbusen gehörte ist
bekannt. Wir können also hier von einer weitläuftigen
Untersuchung über die Wohnsitze, die von anderen
namentlich von Völcker angestellt sind, absehen.

Wenn Aeschylos das χρυσόρρυτον νᾶμα in jenen
Sumpfgegenden an der Euphratmündung zugleich Πλούτωνος πόρον nennt, so verbindet er schon mit dem Reichthum πλοῦτος den Unterweltsgott Πλούτων. Dies stimmte
mit der Geheimlehre und den Bezauberungskünsten der
Mager und Chaldäer, welche in Babylon und Kissia ihren
Sitz hatten. Sie zu verspotten erzählt Lukianos in der
„Nekyomanteia" einen Niedergang in die Unterwelt,
welcher eben in diese Gegend der sumpfigen Lagunen
am Euphrat und Tigris versetzt wurde. Beim Lukian
erzählt Menippos, der hinabgestiegen war, die Vorberei-
tungen, welche mit ihm vorgenommen, Waschungen im
Euphrat, Nahrung von Früchten, Milch und Wasser aus

dem Choaspes, nächtliche Reinigungen am Tigris — καὶ
μέχρι μέν τινος ὑπεϱερόμεϑα ἐν τῷ ποταμῷ, εἶτα ἐςεπλεύ-
σαμεν ἐς τὸ ἕλος, καὶ τὴν λίμνην, ἐς ἣν ὁ Εὐφϱάτης
ἀφανίζεται, περαιωϑέντες δὲ καὶ ταύτην ἀφικνούμεϑα
ἔς τι χωϱίον ἔϱημον καὶ ἀνήλιον; hier wurde nun ein
Todtenopfer gebracht, nächtliche und unterweltliche Dämone herbeigerufen — — und schon offenbarte sich das
Meiste der Unterwelt, der Sumpf und der Pyriphlege-
ton und der Pallast des Pluto u. s. w. Ganz ähnlich
ist die Gegend, wo Odysseus in die Unterwelt hinabsteigt.
Odyss. 11, 13—22.

'Η δ' ἐς πείϱαϑ' ἵκανε βαϑυῤῥόου Ωκεανοῖο
"Ενϑα δὲ Κιμμεϱίων ἀνδϱῶν δῆμος τε πόλις τε
'Ηέϱι καὶ νεφέλῃ κεκαλυμμένοι, οὐδέποτ
αὐτοὺς
'Ηέλιος φαέϑων καταδέϱκεται ἀκτίνεσσιν. —

In dieser Stelle scheint die sehr sumpfige Gegend
an der Mündung des Kuban im Kimmerischen Lande die
Motive gegeben zu haben.

Der letzte Theil der Wanderung der Io erstreckt
sich von der Mündung des Euphrat bis an die Mündung
des Nils. Den Inhalt des Mythos drückte der λόγος
φυσικός einfach so aus: „καί δὴ καὶ αὐτὸν ἔχει τὸν Νεῖλον
λόγος Εὐφϱάτην ὄντα ἐς ἕλος ἀφανίζεςϑαι καὶ αὖϑις ἀνιόντα
ὑπὲϱ Αἰϑιοπίας Νεῖλον γίνεσϑαι" Paus. 2, 5, 3. Vgl. Daduchos S. 8. Wie bewirkte die Natur die Verwandelung
des Euphrat in den Nil? Wir haben schon oben durch
Ainsworth erfahren, dass vor der Mündung des Euphrat
die Strömung im Persischen Meerbusen immer von Osten
nach Westen, dann an der Arabischen Küste immer nach
Süden geht. Von hier bewegt sich dieselbe an der Südseite Arabiens herum durch die enge Strasse von Bab-el-
Mandek in den Arabischen Meerbusen sehr stark ein-

wärts fliessend, ohne dass eine Rückströmung bemerkbar
wäre. Dass die Strömung diesen Lauf nimmt ist unter
Andern durch M o r r y eben so sicher festgestellt, als dass
namentlich im Sommer eine ungewöhnlich starke Verdampfung in diesem Golf stattfindet. Die daraus sich
bildenden Wolken erheben sich hinauf zu den Bergen
Aethiopiens, bringen hier dem s. g. blauen Nil, dem
Aithiops durch tropischen Regen reichliche Nahrung,
vereinigen sich dann mit dem weissen Nil, und bilden so
den grossen Strom Aegyptens. Dieser Verwandelung der
Gewässer des Euphrat in die des Nils entsprechen auch
vollständig den chronologischen Verhältnissen. In Meso-
potanien war der höchste Wasserstand der beiden Flüsse
(in denen sich die Io bewegte) in der letzten Woche des
M a i s. Jetzt ist die stärkste Strömung durch das Meer
in den Arabischen Meerbusen. Die starke Verdampfung,
die jetzt und während der nächsten Monate durch die den
ganzen Golf bescheinende Sonne entwickelt wird, scheint
das nur einwärtsströmende Wasser demselben zu entziehen,
und auf die Aethiopischen Gebirge zu tragen, so dass
allmälig der Nil mehr und mehr steigt bis er im A u g u s t
in Aegypten seinen höchsten Stand erreicht, wenigstens
diejenige Höhe, welche unter dem Jubel des Volks die
Durchstechung der Dämme, Oeffnung der Schleusen und
die Ueberschwemmung und Befruchtung des Landes
gestattet.

Wegen des Schlusses des Berichts über die Wanderung der I o verweisen wir auf den nachfolgenden Text
des Mythos beim Aeschylos:

ΠΡ. ὅταν περάσῃς ῥεῖϑρον ἠπείρων ὅρον.   790
     πρὸς ἀντολὰς φλογῶπας ἠλίου στιβεῖ
     πόντου περῶσα φλοῖσβον, ἔς τ' ἂν ἐξίκῃ
     πρὸς Γοργόνεια πεδία Κισϑήνης, ἵνα
     αἱ Φορκίδες ναίουσι δηναιαὶ κόραι

τρεῖς κυκνόμορφοι, κοινὸν ὄμμ' ἐκτημέναι,   795
μονόδοντες, ἃς οὔθ' ἥλιος προσδέρκεται
ἀκτῖσιν οὔθ' ἡ νύκτερος μήνη ποτέ.
πέλας δ' ἀδελφαὶ τῶνδε τρεῖς κατάπτεροι,
δρακοντόμαλλοι Γοργόνες βροτοστυγεῖς,
ἃς θνητὸς οὐδεὶς εἰσιδὼν ἕξει πνοάς·   800
τοιοῦτο μέν σοι τοῦτο φρούριον λέγω.
ἄλλην δ' ἄκουσον δυσχερῆ θεωρίαν·
ὀξυστόμους γὰρ Ζηνὸς ἀκραγεῖς κύνας
γρῦπας φύλαξαι, τόν τε μουνῶπα στρατὸν
Ἀριμασπὸν ἱπποβάμον', οἳ χρυσόρρυτον   805
οἰκοῦσιν ἀμφὶ νᾶμα Πλούτωνος πόρον·
τούτοις σὺ μὴ πέλαζε. τηλουρὸν δὲ γῆν
ἥξεις κελαινὸν φῦλον, οἳ πρὸς ἡλίου
ναίουσι πηγαῖς, ἔνθα ποταμὸς Αἰθίοψ.
τούτου παρ' ὄχθας ἕρφ' ἕως ἂν ἐξίκῃ   810
καταβασμὸν, ἔνθα Βυβλίνων ὀρῶν ἄπο
ἵησι σεπτὸν Νεῖλος εὔποτον ῥέος.
οὗτός σ' ὁδώσει τὴν τρίγωνον ἐς χθόνα
Νειλῶτιν, οὗ δὴ τὴν μακρὰν ἀποικίαν,
Ἰοῖ, πέπρωται σοί τε καὶ τέκνοις κτίσαι.

τὰ λοιπὰ δ' ὑμῖν τῇδέ τ' ἐς κοινὸν φράσω,
ἐς ταὐτὸν ἐλθὼν τῶν πάλαι λόγων ἴχνος.   845
ἔστιν πόλις Κάνωβος ἐσχάτη χθονός,
Νείλου πρὸς αὐτῷ στόματι καὶ προσχώματι·
ἐνταῦθα δή σε Ζεὺς τίθησιν ἔμφρονα
(ἐπαφῶν ἀταρβεῖ χειρὶ καὶ θιγὼν μόνον).
ἐπώνυμον δὲ τῶν Διὸς θιγημάτων   850
τέξεις κελαινὸν Ἔπαφον. ὃς καρπώσεται
ὅσην πλατύρρους Νεῖλος ἀρδεύει χθόνα·
πέμπτη δ' ἀπ' αὐτοῦ γέννα πεντηκοντάπαις
πάλιν πρὸς Ἄργος οὐχ ἑκοῦσ' ἐλεύσεται.

Wir machen nochmals auf den Unterschied zwischen
dem gefesselten Prometheus und den Schutzflehenden aufmerksam. Aeschylos hebt in den beiden Tragödien
sehr verschiedene Theile der Länder, die Io durchwandert,
hervor. Im Prometheus gelangt sie gleich vom Bosporos zu
den Gorgonen; in den Schutzflehenden werden die frucht-
baren Gegenden Kleinasiens und Mesopotamiens und der

allnährende Hain, den die von Krankheit unberührten Gewässer des Nils durchfliessen, gepriesen; im Prometheus
werden alle erdenklichen Schrecknisse der Wanderung, dagegen in den Schutzflehenden nur erfreuliche Gegenden geschildert. Der Grund ist leicht ersichtlich: Im Prometheus
sollte die Tyrannei des Zeus und die Grausamkeit der
Hera hervorgehoben worden durch all die schweren
Schickungen, die der Io noch bevorstanden. In den
Schutzflehenden waren alle Leiden überwunden, Io war
wieder in ihre ursprüngliche Gestalt umgewandelt, hatte
das Zeuskind, den Stammvater eines zahlreichen Geschlechts
geboren. Ausserdem aber ist auch noch der wesentliche
Unterschied, dass der Prometheus erzählt und vorhersagt,
was der Io noch bevorsteht; die Schutzflehenden aber,
obgleich von längst Vergangenem redend, doch dieses Ver-
gangene als ein Dauerndes darstellen — beides vollkommen in Uebereinstimmung mit den Zeiten, die wir in
dem ganzen Zusammenhang dieses kyklischen Mythos
anerkennen müssen. Denn dieser fängt an mit der Entfernung der winterlichen Nässe aus Argos, beschreibt die
ganze Bewegung derselben oberhalb der Erde und in
den Gewässern durch alle Monate des Jahrs, und endet
damit, dass er im nächsten Winter dieselbe Nässe aus
dem Süden, mit dem Notos nach Argos zurückführt. In
dieser ganzen Metamorphose ist von Anfang bis zu Ende
keine Bewegung, die wir trotz ihrer Mannigfaltigkeit
nicht in den natürlichen und constanten und durch viele
Zeugnisse bestätigten Verhältnissen der Natur während
des Jahreskreises nachgewiesen hätten. Wir können daher
uns damit begnügen, einfach auf das $\varkappa\varepsilon\lambda\alpha\iota\nu\grave{o}\nu$ $\varphi\tilde{v}\lambda o\nu$
Aethiopiens hinzuweisen, von wo der Aithiops, der
eine Nilarm, der von Schnee genährte, sich in den Nil
ergiesst, und in dessen Flussthal die Io längs den

Utern desselben *(τούτου παρ' ὄχϑας ἔρῳ')* geführt vom Nil *(οὗτός σ' ὁδώσει)* zu dessen Mündung und zu dessen Delta hinabschwimmt, wo sie sich und ihrer Nachkommenschaft eine Niederlassung gründet. Hier erhält sie wieder durch die Berührung des Zeus, des Gottes der Wärme, ihre ursprüngliche Gestalt, d. h. aus dem r i n n e n d e n fliessen-Nil erheben sich wieder Dämpfe, *Ζεὺς τίϑησιν ἔμφρονα*, indem sie, die als Rind im Nil kam, zugleich durch den Nil das ägyptische Land überschwemmte nnd so den E p a p h o s, den austretenden Fluss gebahr. Dieser, in dem dunklen Nilschlamm s c h w a r z erscheinende Nil ist zugleich der Befruchter des Aegyptischen Landes. Daher heisst es am Schluss der Verkündigung des Prometheus:

τέξεις κελαινὸν "Επαφον, ὃς καρπώσεται
ὅσην πλατύῤῥους Νεῖλος ἀρδεύει χϑόνα —

Die D a n a i d e n, welche als Schutzflehende nach Argos kommen, sind die im Anfang des nahenden Winters v o n S ü d e n, w i e i m m e r, nach Argos kommenden Heroinnen der anfangs, wie oben gezeigt, nur i n d e m E r d b e t t fliessenden Bäche. Später dann kommen mit dem Regen die Dämone der zurück kehrenden Gewässer, die Söhne des *Αἴγ-υπτος*, die *Αἰγ-ύπτιοι (αἶγες = κύματα* & *ὕπτιος*, vgl. Strabo 8, p. 347. *ἡ ὑπτιότης τοῦ 'Ανίγρου).* Von dem Zurückkehren und Austreten der Wellen hatte A e g y p t e n seinen Namen und jener A e g y p t o s, der sich, zur Zeit da der Nil nicht austrat, in den Fluss stürzte, worauf der Fluss stieg, der fortan Aigyptos ge-nannt wurde. Nach Ankunft der funfzig Aegypter kann Danaos die Ehe mit seinen funfzig Töchtern nicht mehr hindern und alle Bäche der Argolis füllen sich mit fliessendem Wasser, aber in wenigen Stunden ist das Wasser wieder verschwunden und nur unter dem Kiessbett fliesst noch der Bach. Die Aegypter sind in ihren Betten

von den Danaiden getödtet — mit Einer Ausnahme, des
Inachos (Lynkeus) der von Lyrkeia herunterfliesst
und etwas länger als die andern Bäche sichtbar und
sehend fliesst.

Die funfzig Danaiden und die funfzig Aegypter
sind also Nachkommen des Epaphos in folgender Reihe
Io — Epaphos — Libye — Belos — Danaos — Danaiden. Wenn es nun bei Aeschylos am Schluss der Pro-
phezeihung des Prometheus heisst, die Danaiden würden
als fünftes Glied von Epaphos abstammend nach Argos
unfreiwillig zurückkehren, so ist ja freilich die genea-
logische Rechnung nach Apollodor 2, 1, 4 ganz richtig.
Allein der Doppelsinn des Mythos wollte doch auch noch
etwas anderes sagen. Es ist schon oft von uns darauf
aufmerksam gemacht, dass der von dem giessenden Regen
genannte griechische Winter „$\chi\varepsilon\iota\mu\omega\nu$" stets mit dem nassen
Notos aus dem Süden, von Aegypten her, nach Argos
kommt, und zwar um die Zeit, da in Aegypten die Zeit
der Ueberschwemmung aufgehört hat, im Poseideon und
Gamelion. So konnte ja die kommende Nässe angesehen
werden, als von dorther nach Argos gesandt, wenn auch
ohne ihren Willen. Im physischen Sinn ist daher die
„$\pi\varepsilon\mu\pi\tau\eta\ \delta'\ \dot{\alpha}\varphi'\ \alpha\dot{\upsilon}\tau o\tilde{\upsilon}\ \gamma\acute{\varepsilon}\nu\nu\alpha$" die vom Nil hergesandten
Erzeugten aus dem Geschlecht der Io. Jedenfalls wird
durch diese Sage die allgemeine Erfahrung ausgesprochen,
dass in dem kyklischen Mythos und in dem durch ihn
dargestellten kyklischen Wechsel des Jahres die Vertreter
des giessenden Winters stets mit dem Notos von Süden
von Afrika her nach Griechenland kommen. So war
es früher, so ist es heute.

Zu verbessern

S. 13 statt Ubil l. Usil.
S. 44 statt Kind l. Rind.

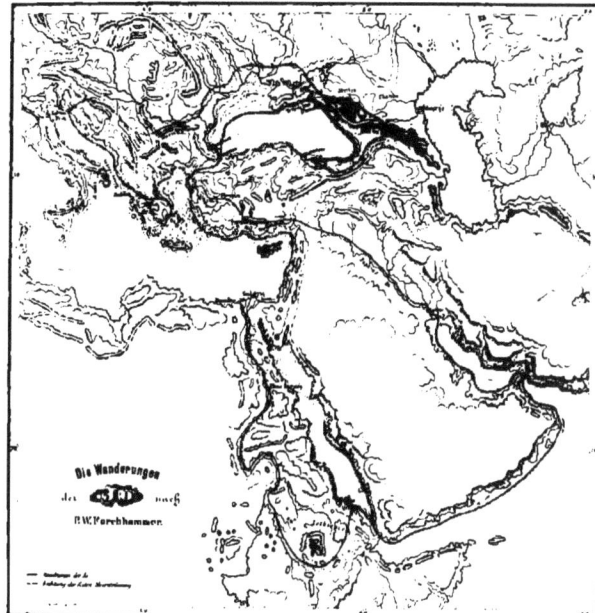